박근혜 사태와 기독교의 문제

기독교인들에게 민주주의는 무엇인가

기독법률가회

이 병 주 변호사

박근혜 사태와 기독교의 문제
기독교인들에게 민주주의는 무엇인가

지은이	이병주
초판발행	2017년 5월 12일
펴낸이	배용하
책임편집	박민서
등록	제364-2008-000013호
펴낸곳	도서출판 대장간
	www.daejanggan.org
등록한 곳	대전광역시 동구 우암로 75-21
편집부	전화 (042) 673-7424
영업부	전화 (042) 673-7424 전송 (042) 623-1424
분류	기독교 ｜ 정치 ｜ 신앙
ISBN	978-89-7071-414-1 03230

 값 10,000원

박근혜 사태, 기독교인들의 기쁨과 당혹감 그리고 자괴감

1. 박근혜 사태

탄핵의 심판

2017년 3월 10일 박근혜 대통령에 대한 헌법재판소의 탄핵선고가 내려졌습니다. 최순실이라는 한 민간인이 대통령과의 특수한 친분을 이용하여 국가의 정책과 인사와 예산을 주무르면서 크고 작은 이권을 수집하고, 나라의 대학입시와 체육문화와 기업경제의 질서를 거의 다 무너뜨렸습니다. 대통령이라는 사람은 정치적 인형처럼 아무 생각 없이 개인 최순실의 하수인 내지 파트너가 되어 정부의 공적 기능을 와해시키고, 비서관과 공무원들을 동원하여 기업들과 불법적인 거래에 나섰습니다. 변명의 여지가 없는 민주주의의 후퇴와 파괴행각이 드러나면서, 하늘같은 권세로 세상을 노려보던 대통령의 권좌는 하루아침에 땅에 떨어졌습니다. 그를 둘러싸고 권력을 남용하고 오용하던 남녀 간신과 환관들은 모두 법의 심판대에 올라서, 청와대 비서실장과 수석비서관들, 현직 장차관들과 재벌 회장이 특검 수사를 받고 줄줄이 투옥되었습니다.

국민들은 민주주의를 우습게보고 방자하게 군림하던 여왕의 진면목에 경악하고, 미련 없이 그를 버렸습니다. 지난 대통령 선거에서 그를 지지했던 51%의 국민들 중에서도 대다수가 그에 대한 지지를 철회하였고, 2016년 10월 24일 JTBC 뉴스룸의 태블릿 보도로 최순실 사태가 본격화된 후 2017년 3월 10일 헌재의 탄핵 선고에 이르기까지 보수와 진보를 망라하여 전 국민의 80% 내지 90%가 일관되게 박근혜 대통령에 대한 탄핵을 지지하였습니다. 광화문 광장에서는 2016년 10월 29일부터 탄핵선고 직후인 2017년 3월 11일까지 4달 반 134일 동안 20차례에 걸쳐 매회 시민들 수십만 명이 모이는 대규모의 평화적인 촛불집회가 열려서 박근혜 퇴진과 탄핵을 요구하였습니다. 국회에서는 대통령이 속한 여당 의원들까지도 약 절반 정도가 찬성하여 2016년 12월 9일 국회의원 300명 중 234명, 78%의 찬성으로 탄핵소추가 가결되었습니다. 결국에는 2017년 3월 10일 보수적인 성향의 재판관이 다수를 구성하고 있다고 평가되는 헌법재판소에서도 8명의 헌법재판관 전원일치 100%의 찬성으로 박근혜 대통령에 대한 탄핵심판을 인용하고 대통령직 파면을 선고하였습니다.

모든 힘이 합력하여

박근혜 탄핵 사건의 의미는 단순히 정치적 불의를 응징하고 제재하는 결과를 냈다는 것을 뛰어넘습니다. 박근혜 탄핵 사건은 정치적 정의를 실현하는 과정에 민주주의의 모든 주체와 시스템과 요소들이 서로 협력하고 참여하여, 가장 평화적이고 가장 법률적이고 가장 차분하면서도 철저한 방법으로 단단하게 정치적 변혁과정을 진행하였다는 점에서, 전 세계의 민주주의 역사에서도 매우 주목할 만한 '21세기형의 새로운 민주주의 운동 모델'을 제시하였습니다. 20차례나 평화적으로 진행된 광화문 촛불집회는 시민대중이 참여하는 '직접 민주주의'의 모범적 모습과 역할을 보여주었고, 국회의 압도적 탄핵소추 의결은 의원들이 정치적 양심에 따라 정당 간 대립의 맹목성을 벗어날 수 있다는 대의제(代議制) '간접 민주주의'의 온전한 작동능력을 보여주었으며, 특별검사의 철저한 수사와 헌법재판소의 신중한 심리에 이은 전원일치 탄핵 결정은 그동안 정치적 독립성에 관해서 많은 의심과 불신을 받아왔던 우리나라의 '사법부'가 민주주의 삼권분립의 한 주체로서 법적 민주주의를 지키고 회복하는 최후 보루의 역할을 결국에는 해내었다는 뿌듯한 신뢰감을 느끼게 해 주었습니다. 그동안 박근혜 정부의 민주주의적 가치에 대한 일방적 무시와 공격으로 극심한 모욕감을 느껴왔던 진보진영의 시민들에게는 민주주의 회복의 승리로 인한 감격에 축하를 보내며, 동시에 진지한 법적 양심과 정의감에 따라 자신이 투표했던 대통령에 대한 지지를 철회하고 탄핵을 찬성한 다수 보수진영 시민들의 곤혹스러운 용기에도 진심으로 위로와 찬사를 보냅니다.

민주주의의 힘

미국의 트럼프 대통령 당선에서 나타나듯이 전 세계적으로 민주주의적 가치의 후퇴와 위기가 심각하게 나타나고 있는 것이 2016년 말과 2017년 초의 을씨년스러운 분위기입니다. 이러한 상황에서, 대한

민국의 젊은 민주주의(young democracy)가 「민주주의적 가치의 파괴에 맞서, 단단한 민주주의적 절차를 통해서, 민주주의의 회복을 이루어낸 것」은 국가적으로도 자랑스럽고 세계적으로도 의미가 있는 일입니다. 민주주의의 선거 제도는 완벽하지 않아서 때로는 민주주의 자체를 해치고 위험에 빠뜨리는 정치적 불량품을 대통령으로 선출하는 실수를 할 수 있으나, 그것이 실수이고 위험한 일이라는 것을 확인했을 때에는 민주주의 제도의 적법절차를 통해서 정치적 불량품을 회수하는 정치적 리콜(탄핵)을 단행할 수 있다는 '민주주의의 힘'을, 대한민국의 민주주의는 지금 당혹감과 괴로움과 혼란에 빠져 있는 미국과 유럽과 전 세계의 민주주의에 대해서 당당하게 보여주고 있는 것입니다.

2. 기독교인들의 기쁨과 당혹감 그리고 자괴감(自愧感)

기독교인들의 기쁨

2016년 10월에서 2017년 3월까지 약 5개월에 걸친 박근혜 탄핵 사태의 진행 과정에서는 초기에 최순실 집안의 무속적 성향에 관한 내용들이 조금 언급되었을 뿐, 우리나라 대부분의 종교나 종교인들이 박근혜 사건의 경과에 끼어들거나 등장한 일이 거의 없습니다. 박근혜 사태는 본래 사회정치적이고 민주주의에 관한 것이고 종교적인 이슈의 사건이 아니기 때문에 이것은 당연한 일이지요. 그래서 우리나라의 기독교인들 대부분은 일반 시민의 입장에서 다른 국민들과 함께 박근혜 사태에 대한 분노에 동참하고 촛불집회에도 적극 참여하면서, 마침내 탄핵 선고로 정치적 불의가 심판을 받고 민주주의가 부활한 것에 안도하고 감격을 느끼며 즐거워했습니다. 이것이 박근혜 사태 속에서 대부분의 기독교인들이 모든 국민들과 함께 느끼고 있는 '기쁨'입니다.

기독교인들의 당혹감

박근혜 탄핵 사태의 초기에 약방의 감초처럼 간혹 간혹 드라마의 조연으로 등장하던 유일한 종교는 한국의 기독교였습니다. 첫 번째 조연은 박근혜 대통령의 최측근이었던 이정현 새누리당 전 대표입니다. 그는 2016년 10월 최순실 우병우 등에 대한 국정조사 추진을 방해하기 위해서 국회에서 단식을 하면서 굳이 "성경" 책을 농성장의 머리맡에 두고 독실한 기독교인임을 자랑하더니, 2016년 11월 말에는 박근혜 대통령에 대한 탄핵을 반대하면서 "나보고 예수를 팔아먹는 가룟 유다가 되라는 거냐? 예수를 부인하는 베드로가 되라는 것이냐?"는 발언으로 박근혜 대통령을 단숨에 예수님과 동급으로 올려놓아서, 많은 기독교인들을 당혹케 하였습니다. 두 번째 조연으로 등장한 것은 대한민국의 양대 개신교 교단연합체인 한국기독교총연합회(한기총)와 한국교회연합(한교연)입니다. 2016년 10월 24일 오전 박근혜 대통령이 최순실 스캔들을 회피하기 위해서 국회 시정연설에서 '개헌 추진'을 선언한 일이 있었습니다. 이 때 한기총과 한교연은 반나절도 지나지 않아서 한국의 사회종교단체 중 유일하게 "박근혜 대통령의 개헌추진 용단을 적극 지지하고 박수를 보낸다"는 지지성명을 발표하였습니다. 마침 같은 날 저녁 JTBC의 최순실 태블릿 보도로 최순실 스캔들이 급

물살을 타면서 대통령의 개헌 논란 자체가 아예 소멸했기에, 한기총과 한교연의 개헌지지 성명서는 그저 하나의 소극(笑劇)으로 끝났지만, 이 일은 모든 사람에게 한국 개신교 대표자들의 친정부적인 권력사랑을 아주 인상적으로 보여주는 사건이 되었습니다. "도대체 이건 뭐지?" "한국교회는 왜 관변 친정부단체처럼 굴지?" "박근혜 대통령하고 예수님과는 도무지 무슨 상관이 있지?" 이것이 박근혜 사태의 초기에 일부 기독교 정치인과 기독교 지도자들의 돌발행동으로 인해 많은 기독교인들이 부딪혔던 '당혹감'입니다. 하지만, 대부분의 기독교인들은 사실 이런 일들에 별 영향을 받지 않고 각자 자기의 시민적 소신에 따라서 박근혜 탄핵을 지지하고 촛불 시민운동에 참여했기 때문에, 이 무렵까지 한국 기독교는 박근혜 사태와 관련해서 크게 칭찬받을 일도 없었겠지만 크게 욕먹을 일도 없었습니다.

기독교인들의 자괴감

이처럼 2016년 12월 말까지는 비교적 얌전하고 잠잠했던 한국 기독교가 박근혜 사태의 주연급 악역으로 급부상한 것은 탄핵 정국이 정점으로 치닫던 2017년 1월 이후의 일입니다. 2017년 1월에 박근혜 대통령이 두 차례의 간담회와 인터뷰로 억울함을 호소하자, 전 국민의 약 5% 내지 10% 정도에 해당하는 친박 지지세력이 결집하여 탄핵반대운동이 격화되기 시작했습니다. 문제는 이 때 탄핵반대운동의 태극기집회에 군가와 함께 계엄령 선포의 주장이 난무하는 가운데 십자가가 함께 등장하고 찬송가가 울려 퍼지면서, 기독교계가 탄핵반대운동의 강력한 동맹세력으로 등장하기 시작한 것입니다. 현장은 두 곳, 헌법재판소 법정과 탄핵반대의 친박 집회장이고, 두 개의 강력한 이미지는 '서석구 변호사의 기도'와 '태극기집회의 대형 십자가'입니다. 예수를 믿는다는 백발의 노 변호사가 헌재의 탄핵법정에서 박근혜 탄핵을 예수의 십자가에 비유하면서 매 변론기일마다 법정의 한 구석에 쭈그리고 앉아서 탄핵 기각을 위해 열렬히 기도하는 모습을 연출했습니다. 탄핵반대 집회에서는 기독교인들이 나무로 만든 대형 십자가를 짊어지고 도로를 행진하며 탄핵찬성세력과의 영적 싸움을 선포하면서, 박근혜 탄핵반대세력과 기독교의 영적 동맹관계를 소란스럽게 천명하였습니다. 그 절정은 탄핵 선고 직전인 2017년 3월 1일의 일입니다. 다시 한 번 한기총과 한교연이 함께 등장했습니다. 한국 기독교계의 대표적인 두 단체가 합동으로 친박의 탄핵반대 태극기집회 직전에 같은 장소 같은 연단에서 3·1절 구국기도회를 개최하고, 2만 여 명의 기독교인들이 십자가와 태극기를 함께 흔들며 기도하다가 이어지는 박사모의 탄핵반대 집회에 합류한 것입니다. 이것을 두고 박사모는 기독교계 전체가 탄핵반대집회에 동참했다고 적극 광고했고, 한기총·한교연은 뒤늦게 친박집회와 기도회가 같은 장소 같은 연단을 사용한 것은 정말 우연의 일치라고, 제발 오해하지 말아달라고 주장했습니다. 오해를 하거나 이해를 하거나, 이 사건은 모든 사람에게 한국의 기독교계가 친박의 탄핵반대운동을 적극 지지하고 뜻을 같이한다는 인상을 결정적으로 깊게 심어주었습니다. 아마도 이 일로 인하여 한국의 기독교계는 앞으로도 상당한 기간 많은 사람들로부터 "민주주의에 가장 반대하는 종교세력"이라는 혐의와 비난을 받게 될 것입니다. 또다시 하나님의 이름으로 하나님의 일을 크게 훼방하는 일이 발생한 것입니다. 박근혜 사태의 한 가운데에서 이런 일들을 목격하게 되니, "도대체 우리가 이런 꼴을 보려고 독실한 기독교인이 되었는지", '자괴감'이 들고 마음이 괴로워집니다.

그러나! 친박집회에 적극 참여한 기독교인들은 기독교인들 중의 다수가 아니라 소수에 불과합니다. 대부분의 기독교인들은 민주주의의 회복을 지지하고 박근혜 탄핵을 정의의 승리로 받아들이는 감격 속에 함께 하고 있습니다. 그러니 박근혜 사태 속에서 기독교인들이 느끼는 기쁨과 당혹감과 자괴감 중에서 어느 것이 가장 큰가 하면 당연히 기쁨의 요소입니다, 당혹감은 우리가 느낄 것이 아니라 민주주의를 싫어하는 일부 기독교 정치인과 일부 기독교 지도자들에게 돌려주면 됩니다. 그리고 자괴감 또한 우리가 느낄 것이 아니라 민주주의를 반대하고 태극기집회에 열렬히 참여한 일부 기독교인들과 일부 기독교계에게 돌려주면 됩니다. 기실 이 분들이 기독교인들의 전부가 아니라는 사실은 우리도 잘 알고, 세상에서도 잘 알고 있습니다. 그 분들의 일들로 인해서 모든 기독교인들이 당혹감에 빠지고 부끄러워할 필요는 전혀 없습니다.

3. 박근혜 사태 속 기독교인들의 숙제

민주주의의 세례

박근혜 사태를 통해서 한국의 민주주의는 회복되고 크게 강화되었습니다. 박근혜 대통령과 최순실과 그 일당에 의해서 공적으로, 사적으로 크게 모욕을 당했던 대한민국의 시민들은 대부분 탄핵의 심판에 기뻐하면서 큰 자부심을 느끼고 있습니다. 그렇다면 박근혜 사태 속에서 한국의 기독교인들은? 그냥 망가져버렸는가? 민주주의를 반대하는 종교집단으로 낙인이 찍혀서 앞으로는 전도의 길도 막히고 회복하기가 어려워진 것인가?

결론을 먼저 말씀드리자면, 그렇지 않다고 생각합니다. 겉으로 드러난 것만 보면 태극기집회의 십자가 소동으로 인해서 기독교인들이 상당한 평판 상의 손해를 본 것 같지만, 실상 속으로는 약 반 년에 걸친 민주주의의 대격변 과정에 수백만 명의 기독교인들이 소리 없이 그러나 꾸준히 참여하면서 '민주주의의 세례'를 다함께 받고, 신앙적으로도 큰 전진과 집단적인 자극을 받았습니다. 비록 소리는 요란했지만, 태극기집회에 십자가를 들고 참석했던 기독교인들은 우리나라 기독교인들 중의 아주 소수에 불과합니다. 박근혜 사태의 초기에 개헌지지 성명으로 우리에게 당혹감을, 박근혜 사태의 끝 무렵에는 태극기집회로 이어지는 3.1절 구국기도회로 우리에게 자괴감을 주었던 한기총과 한교연 또한 명목상으로는 한국 기독교계의 대표성을 주장하지만, 실질적으로는 이제 더 이상 한국의 기독교인들에 대한 도덕적 권위와 지도력을 주장하기 어려워졌습니다. 여왕의 허구적인 본색이 드러나면서 탄핵이 된 것처럼, 과잉된 교계 대표성의 본색이 드러나게 되었으니 이제는 허구가 아닌 실제적인 지도력이 다시 생겨나게 될 것입니다.

박근혜 사태가 민주주의와 관련해서 우리나라에서 수십 년 간 남아있었던 반민주적이고 독재적인 잔재를 일소하고 새 출발을 할 수 있는 결정적인 계기가 되었다면, 박근혜 사태는 기독교와 관련해서도 우리나라에서 수십 년 간 지배적이었던 권력지향적 기독교의 국가주의 우상숭배와 맹목적인 반공주의 기독교의 시대착오적인 정치성을 일소하고 새로운 출발을 할 수 있는 결정적인 기회를 제공해 주고 있습니다.

민주주의의 질문

이제 우리 앞에 놓여있는 숙제는 과연 2016년 하반기에서 2017년 상반기까지의 박근혜 사태를 통해서 대한민국의 기독교인들이 함께 경험한 '민주주의의 세례'가 무엇을 의미하는가 하는 것입니다. 예수님은 가이사랴 빌립보에서 제자들에게 "사람들이 인자(人子)를 누구라 하느냐?"라는 질문을 던지셨지요(마태복음 16:13). 이 책의 주제는 이 질문을 조금 바꾸어 우리들 자신에게 묻는 것입니다. "기독교인들은 민주주의를 무엇이라 생각하는가?"

박근혜 사태는 우리나라의 기독교인들을 똑똑하게 만들어준 면도 있고, 조금 바보처럼 만들어 준 면도 있습니다. 똑똑하게 만들어 준 것은 '우리가 기독교인으로서 하나님을 사랑하고 이웃을 사랑하고 정의를 사랑하고 민주주의를 사랑한다는 것이 무엇을 의미하는지'를 여러 달 동안 함께 분노하고 고민하면서 진지하게 묵상할 기회를 가질 수 있었다는 점입니다. 조금 바보처럼 만들어준 면은, 우리가 일반 시민의 입장에서 '민주주의가 무엇인가?'라는 질문을 받을 때에는 그것은 이렇고 저런 것이라고 적당히 대답을 잘 할 수 있는 반면 기독교인의 입장에서 '기독교인에게 민주주의는 무엇인가?'라는 질문을 받으면 막상 대답할 말이 별로 없고 막막하다는 점입니다. 이 문제는 우리 기독교인들이 그동안 깊이 고민하지도 않고 충분하게 배우지도 않은, 생소하고 막연한 신앙적 주제이기 때문입니다.

필자는 1980년대에 군부독재 치하에서 20대 시절의 약 10년 동안 민주화운동에 참여하면서 정치적 민주주의에 대해서 몸과 마음으로 많은 경험과 고민을 한 일이 있습니다. 그리고 1990년대 이후로는 약 20년 동안 변호사 일을 하면서 현실 생활 속의 법률적 민주주의와 경제적 민주주의 문제에 대해서 실무적인 경험과 고민을 해 왔습니다. 그리고 지난 20여 년 동안은 나름 독실한 기독교인으로 신앙생활을 하면서, 약 10년 동안의 기독법률가회 활동과 최근 안식년을 이용한 풀러 신학교에서의 신학 공부를 통해서 '기독교적 입장에서 세상과 인간의 삶을 어떻게 이해하고, 기독교와 민주주의의 관계를 어떻게 연결할 수 있는가?'라는 문제를 붙잡고 씨름해 왔습니다. 그 과정에서 제가 깨달은 것은 ⓐ 일반적으로 기독교 신앙은 민주주의의 문제와는 거리가 멀다는 선입견이 있으나, 성경에서 강조하는 정의와 이웃사랑의 문제는 민주주의에 대한 이해와 실천이 없이는 그 실체성을 확보할 수 없다는 것, 그리고 ⑾ 기독교의 인간본성에 대한 의심과 불신은 '인간의 한계'에 대한 투철한 인식을 통해서 사람의 세상의 평화와 민주주의의 견실한 발전에 기여할 수 있다는 것, 즉 '기독교는 민주주의에게, 민주주의는 기독교에게' 서로 중요한 도움을 줄 수 있다는 점입니다.

이 책은 제1부에서 '기독교와 민주주의'에 대한 서론 격으로 박근혜 사태에 대한 한국 기독교인들의 세 가지 반응 유형을 검토하고, 그것을 '권세(질서)'를 강조하는 정치적으로 보수적인 기독교와 '경건'을 강조하는 비정치적인 기독교와 '정의'를 강조하는 정치적으로 진보적인 기독교로 나누어, 각각의 입장이 민주주의와 연결되는 점 그리고 민주주의와 부딪히거나 갈등을 일으키는 내용들을 분석합니다. 다음으로 제2부에서는 총론적으로 '권세'와 '경건'과 '정의'를 강조하는 기독교의 세 가지 관점을 기독교의 중심적인 인생 강령인 이웃사랑의 대계명과 인간본성적인 자기사랑의 대원칙 사이의 긴장과 갈등 속에서 함께 이해하고, 인간의 자기사랑에는 개인적 자기사랑과 집단적 자기사랑이 있는데 그 중 집단적 자기사랑 간의 갈등과 조화 문제가 민주주의의 기본구조 및 기본원리를 형성한다는 점을 분석했습니다. 이어서 제3부에서는 십계명의 두 번째 돌판에 새겨진 인생 계명(제5~10계명)들을 통해서 인간의 현실과 고통이 어떻게 민주주의의 필요성을 낳고 민주주의는 어떻게 인간의 집단적 고통에 응답하고 있는지를 각론적으로 분석해서, 인간의 폭력성과 정치적 민주주의(제6계명), 권력의 거짓 심판과 법적 민주주의(제9계명), 일용할 양식과 경제적 민주주의(제8계명)로 민주주의의 구체적인 내용들을 성경의 강령과 연결하여 검토했습니다. 그리고 마지막 제4부에서는 보충적인 논의로 우리들이 항상 씨름하고 고민하는 기독교 신앙과 정치적 진보와 정치적 보수의 관계에 대한 혼동 문제를 인간생활의 세 가지 영역, 즉 사적 영역과 공적 영역과 초월적 영역 간의 상호관계를 통해서 해명해 보았습니다.

이 글을 보시고 책으로 출판하도록 적극 격려해 주신 풀러 신학교의 김세윤 박사님께 감사드립니다. 그리고 그동안 이 글을 읽고 함께 토론한 기독법률가회의 선후배들과 아포리아 서평사이트의 동료들, 출판과정에서 함께 힘써주신 도서출판 대장간의 배용하 대표님과 편집부 식구들, 박근혜 사태의 와중에서 한국의 민주주의를 위해 함께 분노하고 기뻐한 아내와 아들 재복이, 마지막으로 한국의 민주주의를 위해 함께 싸우고 아프고 괴로워하면서 한 세월을 함께 했던 많은 벗들에게도 감사의 인사를 전합니다.

차례,

프롤로그 – 기독교인들의 기쁨과 당혹감 그리고 자괴감·················5

제1부 기독교와 민주주의 서론:박근혜 사태와 기독교인들의 세 가지 반응

1장. 문 제 ··· 27

2장. 박근혜의 난亂과 민주주의 ····················· 28

3장. 박근혜의 난과 트럼프 사변–민주주의의 감격과 불안 ········· 30

4장. 도대체 민주주의란 무엇인가 ····················· 32

5장. 기독교인들에게 민주주의란 무엇인가

  1. 민주주의의 기독교인들에 대한 비판·············· 36

  2. 민주주의에 대한 기독교적 의심················· 38

  3. 기독교와 민주주의 간의 변증법적 대화

    –인간에 대한 신뢰와 인간에 대한 불신 ·········· 39

6장. 박근혜 사태에 대한 기독교인들의 세 가지 반응 –권세/경건/정의

  1. 세 가지 장면 ····························· 42

  2. 미움과 참음 ····························· 43

7장. 기독교인들의 세 가지 정치적 입장
  1. 정치적으로 보수적인 기독교인들과 민주주의
    ─'권세에 복종하고 임금을 위해 기도하라' ····················· 46
  2. 비정치적 경건주의 기독교와 민주주의
    ─'하나님 나라는 이 세상의 것이 아니다' ····················· 48
  3. 정치적으로 진보적인 기독교와 민주주의
    ─'정의를 강물처럼 흐르게 하라' ······························· 51

제2부 기독교와 민주주의 총론: 기독교인들에게, 민주주의란 무엇인가 ─ 민주주의에 대한 성경적 이해

1장. 민주주의에 대한 세 가지 기독교적 이해의 한계
    ─민주주의에 대한 구체성과 성경적 총체성의 부족
  1. 민주주의에 대한 구체성 부족 ······························· 62
  2. 성경적 총체성의 부족 ····································· 63

2장. 민주주의에 대한 기독교적 이해의 기초─성경의 세 가지 인생 강령
  1. 성경의 세 가지 인생 강령
    ─ 이중대계명, 십계명, 주기도문의 각 후반부 ················· 65
  2. 민주주의에 대한 여덟 가지 성경적 명제 ····················· 66

3장. 이웃사랑의 대계명과 자기사랑의 대원칙 ─ 민주주의의 기본원리
  1. 자기사랑의 자유와 평등
    ─ 특권적 자기사랑을 배척하는 / 민주주의의 이웃사랑 ········ 72
  2. '공적 이웃사랑'과 민주주의
    ─ 세금과 복지제도를 통한 '공적 자기부인' ····················· 76
  3. 인간의 세 가지 자기사랑
    ─ '집단적 자기사랑'과 민주주의의 기본구조 ················· 79

제3부: 기독교와 민주주의 각론:인간의 현실과 민주주의의 필요성- 십계명의 인생계명들과 민주주의

1장. 인간의 자기사랑과 그 폭력성 - 제6계명과 정치적 민주주의

　1. 살인하지 말라 + 욕하지 말라 = 다른 사람을 해치지 말라 ······ 97

　2. 사람이 다른 사람을 해치는 이유 - 인간의 자기사랑 ··········100

　3. 인간의 세 가지 자기사랑 ☞ 세상의 세 가지 폭력과 악 ········102

　4. 민주주의 - 집단적 자기사랑의 폭력성에 대한 제6계명의 처방 110

2장. 자기사랑의 왜곡과 공적 거짓-제9계명과 민주주의의 공적 심판

　1. 사적 거짓말의 세계 ·····································118

　2. 거짓 증언과 거짓 심판·····································118

　3. 공적 거짓말의 세계 - '지상의 심판권자'들이 행하는 거짓 심판119

　4. 공직자의 개인적/당파적 자기사랑으로 인한 왜곡

　　-공적 거짓 심판과 공적 기능의 실패 ·····················122

　5. 민주주의 - '공적 거짓 심판'에 대한 제9계명의 처방 ··········124

3장. 자기사랑의 생존과 일용할 양식-제8계명과 경제적 민주주의

　1. 먹고 사는 일의 중요성·····································130

　2. 성경의 두 가지 경제 강령 - 일용할 양식 / 훔치지 말라 ······131

　3. 일용할 양식을 구하는 사적인 인생

　　-땅과 직장과 시장을 통해 먹고 사는 일 ·····················135

　4. 민주주의와 일용할 양식

　　- '광장'을 통해 공적으로 먹고 사는 일 입법론적 인생··············148

제4부: 기독교와 민주주의 보론:기독교 신앙과 보수와 진보 – '사'와 '공'과 '초월'의 관계 및 혼동

1장. '민주주의'와 '보수와 진보'와 '기독교 신앙'
  1. 민주주의 ··163
  2. 보수와 진보 ···164
  3. 기독교 신앙 ···165

2장. 인생의 세 가지 영역-「사적 영역, 공적 영역과 초월적 영역」 ···168

3장 사와 공, 보수와 진보
  1. '사私'의 힘 ··170
  2. 사와 공의 관계, 보수와 진보의 방정식 ····················171

4장. 한국교회, 사와 공과 초월의 혼동 문제
    -하나님과 보수와 진보
  1. 기독교인의 사적·공적 인생과 초월적 신앙의 관계 ·············181
  2. 공과 초월의 혼동-하나님과 보수와 진보의 관계 ·············187
  3. 사에 오염된 초월, 공이 사라진 교회 ·····················192
  4. 세상을 어지럽히는 기독교-'자기사랑의 기독교'와 정치적 탈선196

맺음말 – 민주주의를 위한 기도
          :공적 시험과 공적 악으로부터의 구원····················· 202
후주··208

제1부

기독교와 민주주의 서론:
박근혜 사태와 기독교인들의 세 가지 반응

1장. 문제

이 글이 앞에 두고 풀어보려는 문제는 '기독교인에게 민주주의란 무엇인가' 라는 질문입니다. 왜 이 질문을 하게 되는가 하면, 우리가 배우고 가르치는 기독교에는 이 질문에 대한 모범답안이 잘 보이지 않기 때문입니다. 2천 년 전에 기록된 성경에는 민주주의에 대해서 직접 다루는 내용이 없습니다. 그러니까 누구도 하나님의 권위에 입각해서 '기독교인에게 민주주의란 이런 것이다' 라고 독점적인 정답을 선언하기는 어려운 것으로 보입니다.

2장. 박근혜의 난(亂)과 민주주의

이 글을 쓰고 있는 2016년 말에서 2017년 상반기 대한민국의 주제는 '민주주의'입니다. 2016년 10월 하순부터 2017년 3월 초순까지 몇 달 간에 걸쳐 아무도 예상할 수 없었던 정치적 대격변이 벌어졌습니다. '최순실 사변(事變)' 또는 '박근혜의 난(亂)'이라고 부를 수 있는 국가 권력의 사유화와 무모한 남용으로 인해 촉발된 것이었습니다.

국가 시스템의 마비와 농락의 정도가 너무나 심한 것으로 드러나자 대통령을 뽑았던 보수적인 사람들마저도 정치적 지지를 철회하고 항의운동에 참여하였습니다. 왕궁의 철벽이 무너지면서, 왕궁 안의 모든 더러운 것들이 다 튀어나왔습니다. 몽롱한 여왕과 맹종하는 간신들, 그리고 그 뒤에서 조종하는 간교한 상궁의 행태가 다 드러났습니다. 무책임한 권력이 민주주의 국가의 공적(公的) 질서를 완전히 무너뜨린 것입니다.

그 상궁의 딸 한 사람을 위해 이화여대의 입시와 학사 시스템 전부가 장난질의 대상이 되어버렸던 사실까지 드러나자, 거의 모든 국민들은 자신들의 수고스런 개인적 인생마저도 모욕당한 것으로 느꼈습니다. 무분별한 권력이 사적(私的) 인생의 질서까지 마구잡이로 침범한 것입니다. 우리나라에서는 그 동안 '보수'와 '진보'의 대립이라는 구조가 맹목적으로 '민주주의'의 가치와 핵심을 눌러 훼손하곤 했습니다. 그러나 2016년 말 박근혜와 최순실은 서로 손을 잡고 힘을 합하여, 국민 모두가 보수와 진보의 대립을 넘어 '민주주의의 가치와 이름' 아래 국민적 대통합을 이룰 수 있도록 만든, 커다란 역사적 공(功)을 세웠습니다.

선거로 당선된 대통령이 왕처럼 하나님처럼 권력을 휘두르다가 국민의 역린(逆鱗)을 건드리자, 마치 역사책이나 동화책에 나오는 이야기처럼 순식간에 국민들이 다 들고 일어나서 대규모의 민주적인 집회와 탄핵절차를 통해 대통령의 왕권을 회수하고 측근의 간신들과 상궁을 잡아 감옥에 집어넣었습니다. '민주주의의 패배와 파괴'로 시작했던 일이 불과 몇 달 만에 '민주주의의 승리와 회생'이라는 정반대의 방향으로 일대반전을 이룬 것입니다.

2017년 3월 10일 헌법재판소에서 헌법재판관 전원일치로 박근혜 대통령에 대한 탄핵 인용 결정이 내려짐으로써, 약 5개월에 걸친 대규모의 정치적 격변은 커다란 성과를 거두고 다음 단계로 넘어갔습니다. 이제 이 사건은 우리나라에서 청년과 장년과 노년의 세 세대가 함께 만든 역사적 공동체험으로 '공격당한 민주주의를 방어하고, (같은 유형의 공격이 더 이상 불가능하도록) 민주주의의 토대를 단단하게 만든', 한국의 2010년대를 대표하는 역사적 사건으로 기록될 것입니다.

오늘 우리가 잃어버렸다가 다시 찾은 민주주의의 중요성과 긍정적인 의미는 무엇인가? 그리고 앞으로 전개될 이 민주주의의 객관적인 가능성과 한계는 무엇인가? 이것은 오늘 우리 모두의 앞에 던져진 쉽지 않은 숙제입니다.

3장. 박근혜의 난(亂)과 트럼프 사변(事變)
—민주주의의 감격과 불안

이처럼 2016년 11월 이후 한국의 뜨거운 주제는 '민주주의'입니다. 박근혜 정부 몇 년간 민주주의가 왕정으로 후퇴하는 듯 했으나, 어느 한 순간 폭발적으로 그에 대한 국민들의 저항이 솟아오르고 왕처럼 군림하던 권력은 그 권한이 박탈되고 민주주의가 회생한 것입니다. ("박근혜의 난")

그러나 2016년 11월 이후 미국과 유럽의 싸-늘한 주제 또한 '민주주의'입니다. 성숙한 것으로 보이던 서구의 민주주의가 극우적인 자기사랑의 흐름에 밀려 퇴행하고 있습니다. '좌절한 욕망과 성공한 욕망의 불온한 결합'이 벌거벗은 욕망과 적대감을 설교하는 미국 트럼프 당선의 충격에 이르게 되자, 진보의 정의감은 무력감을 느끼고 보수의 도덕감은 수치심의 경계에 서 있습니다.("트럼프 사변")

사람들은 누구나 자기 인생에 매달려 바쁘게 살아갑니다. 그러다가 정치적 집중의 계절이 되면, 자기의 이해관계에 따라 또는 각자의 정의감에 따라 보수와 진보로 패가 갈라져서 열심히 싸우고 표를 던지고, 승부의 결과가 나오면 한쪽은 기뻐하고 한쪽은 슬퍼합니다. 그래서 일반적으로는 '민주주의'보다도 '보수'와 '진보'의 대립이 문제의 중심으로 됩니다.

그러나 2016년 11월 이후 2017년 상반기 현재의 상황은 조금 다릅니다. 한국에서는 '진보와 보수의 일시적 연합'으로 '민주주의의 핵심적 가치'에 대한 획기적인 방어와 전진이 이루어지고 있으나, 미국과 유럽에서는 반대로 '진보와 보수의 극단적 대립과 혼란' 속에 '민주주의의 본질적 가치'에 대한 심각한 동요와 후퇴가 나타나고 있습니다. 그래서 지금은 '보수'와 '진보'보다도 '민주주의'가 문제의 중심으로 부각되고 있습니다.

같은 시기에 한편으로는 한국을 보면서 민주주의의 가치와 가능성에 대한 희망적인 질문이, 다른 한편으로는 미국과 유럽을 보면서 민주주의의 한계와 위험성에 대한 불안한 질문이 함께 제기됩니다. 민주주의는 어떤 때에는 선(善)을 만들어내지만 다른 때에는 악(惡)을 만들어내기도 하고, 어느 곳에서는 정의를 사랑하지만 다른 곳에서는 불의를 부둥켜안기도 하는 것으로 보이기 때문입니다.

4장. 도대체 민주주의란 무엇인가
— '민주주의'와 '보수'와 '진보'와 '사람'에 대한 질문

 이처럼 양극단의 모습을 보여주는 2016년 11월 이후 2017년 초반 현재의 한국과 세계는 오늘날 우리에게 "도대체 민주주의란 무엇이냐?"라는 질문을 다시 심각하게 던져 줍니다. 최근 200여 년 간 전세계가 왕정(王政)에서 민주주의로 바뀐 것은 분명한 역사의 진전입니다. 왕에게 저항하면 죽임을 당해야 하는 세상과 그런 왕이 없는 세상은 천양지차(天壤之差), 하늘과 땅만큼 차이가 있습니다. 이후 이 민주주의의 경제적 내용을 놓고 100년 이상 자본주의와 공산주의가 세계적 차원의 대혈투를 벌이다가 1990년을 전후로 해서 경제적으로나 정치적으로나 '인간의 자기사랑'에 대한 인식과 실천에 심각한 취약점을 보인 공산주의가 KO패를 당하고 사실상 역사의 무대 뒤로 퇴장하였습니다. 1990년 이후 이제는 헌법적 대의민주주의 제도와 자본주의 시장경제 체제 위에서 이른바 '보수'와 '진보'의 경쟁만 남게 된 줄 알았더니, 이것도 결국에는 21세기에 들어와 또다시 일대 혼란에 빠져들기 시작한 것 같습니다. 진보의 정의감은 '인간의 자기사랑'을 어떻게 다룰지에 대한 방향감각을 상실하고, 보수의 욕망은 좌절된 '인간의 자기사랑'을 올라타고 (또는 그 꼬리를 잡고) 폭주하기 시작했습니다. 미국과 유럽에서는 극우세력의 발흥 속에서 보수가 반란을 부르짖고 진보가 현상을 유지하려고 하는 정치적 정체성의 혼란이 벌어지고 있습니다. 아직 연소(年少)한 한국의 민주주의에서는 아직 보수와 진보의 정립 자체가 과제인 것처럼 보이지만, 여기에서도 '보수가 보수(保守)할 것은 무엇이고, 진보가 진보(進步)시킬 것이 무엇인지'에 대해서는 아직 모호함이 가득합니다.

우리는 민주주의를 버리고 왕정으로 돌아갈 수도 없지만 (박근혜의 난), 정의와 진실의 승리에 대한 민주주의의 약속을 순진하게 신뢰할 수도 없습니다. (트럼프 사변) 그래서 우리는 오늘 민주주의가 무엇인지, 민주주의는 무엇을 할 수 있고 무엇을 할 수 없는지, 민주주의에 대해서 무엇을 믿을 수 있고 무엇을 믿을 수 없는지, 그리고 우리는 민주주의에 대해서 무엇을 하고 무엇을 하지 말아야 하는지, 우리 스스로에게 다시 물어보아야 합니다.

그리고 자기사랑과 욕망의 질주에 굴복하는 보수에게도 "네가 보수(保守)할 것은 무엇인가?" "보수, 너는 누구냐?"라고 그 의제와 정체성을 다시 물어보아야 하고, 인간의 정의감과 인간의 욕망 사이에서 흔들리면서 반란의 열정이 크게 순화된 (또는 거세된) 진보에게도 "네가 진보(進步)시킬 것은 무엇인가?" "진보, 너는 누구냐?"라고 그 현실인식과 방향성을 다시 물어보아야 합니다.

그리고 무엇보다도 우리는 우리 시민들 자신 개개인에게 물어보아야 합니다. 우리들은 지금 박근혜를 권력에서 몰아냈지만, 4년 전에는 그를 권력의 자리에 앉혔던 동일한 사람들입니다. 2016년 11월 이후 광화문의 시민들은 위대한 정의와 민주주의의 시민들이지만, 우리들은 또다시 불의를 지지하고 방관하고 굴복하는 무기력한 시민으로 전락하거나, 우리 스스로 그런 불의에 적극적, 소극적으로 참여하는 간신들이 될 수도 있습니다. 민주주의는 권력자들의 문제이기도 하지만, 권력자들을 선택하고 정치적으로 구매하는 우리들 국민들의 문제이기도 합니다. 잘못된 정치적 권력을 만들어서 사회를 어지럽히고 사회적 악을 양산하고 수많은 사람들을 사회적 시험에 빠뜨리는 잘못은, 잘못된 권력자에게도 있고 잘못된 권력자를 뽑는 우리들에게도 있기 때문입니다.

솔직히 우리들 시민들은, 때로는 민주주의를 뼈저리게 느끼고 외치고 추구하기도 하지만, 대부분의 시간에는 자기 인생에 너무 바쁘고 살기가 빡빡해서 민주주의에 관심도 없고 나와는 별 상관이 없는 일이라는 냉담한 태도를 보이는 경우가 더 많고, 또 어떤 상황에서는 은밀하게 민주주의를 싫어하거나 솔직하게 극력 반대하기도 합니다. 민주주의도 절대적으로 신뢰할 수 없지만, 시민의 민주적 정의감도 절대적으로 신뢰할 수 없습니다. 그리고 이 시민들은 한 사람이 아니고 수많은 생각과 수많은 계층과 수많은 이해관계를 가진 수천 만 명의 많은 사람들입니다. 민주주의도 절대화될 수는 없고, 보수도 절대화될 수는 없고, 진보도 절대화될 수 없는 것처럼, 민주주의 사회의 시민, 국민도 절대화될 수는 없습니다.

그래서 우리는 우리들 자신에게 물어보아야 합니다. "당신은 누구인가?" "당신은 개인적으로는 무엇을 추구하며 살고, 사회적으로는 무엇을 추구하며 사는가?" "당신은 진실로 민주주의를 좋아하는가? 사실은 민주주의를 싫어하지 않는가? 아니면 민주주의에 아예 별 관심이 없지는 않은가?" "당신은 민주주의적 정의감과 민주주의적 욕망 사이의 어느 지점에 있는가?" "민주주의는 나에게, 너에게, 우리들과 그들에게 무슨 의미가 있는가?"

5장. 기독교인들에게 민주주의란 무엇인가
―민주주의와 기독교 간의 긴장(緊張)

다시 이 글의 질문으로 돌아옵니다. "기독교인들에게, 민주주의란 무엇인가?" 이 질문에는 세 가지의 다른 시각이 있습니다. 민주주의가 기독교인들에게 던지는 비판의 시각, 기독교가 민주주의에 대해서 던지는 의심의 시각, 그리고 기독교와 민주주의 간의 적극적인 대화 가능성에 대한 모색입니다.

1. 민주주의의 기독교인들에 대한 비판

첫 번째의 시각은 민주주의의 입장에서 기독교인들을 비판하고 기소하는 시각입니다. 이 공소장(公訴狀)의 1번 피고인은 적극적으로 독재자들을 지지하는 기독교인들의 정치적 행동주의이고, 2번 피고인은 정치적 무관심으로 민주주의의 패배와 후퇴를 방관하는 기독교인들의 정치적 정적주의(political quietism)입니다. 한국에서 정권을 바꾸어 가면서 독재자들을 지지하는 교회 지도자들의 정치적 신앙이 첫 번째 피고인에 해당하고, 독일에서 나치 히틀러의 유대인 학살을 방관하고 방조했던 독일 기독교인들의 정치적 침묵은 두 번째 피고인에 해당합니다. 민주주의를 지지하는 검사 측 증인도 하나 있습니다. 성경적 정의의 실현과 사회적 불의에 대한 저항을 외치는 사회참여적 기독교 신앙입니다.

일반적으로 기독교인들은 하나님을 뒷배경으로 해서 사람들과 세상의 일을 판단하고 가르치는 심판관의 자리에 앉는 것을 좋아합니다. 그러나 2016년 11월 이후 한국의 모든 사람에게 던져지는 '민주주의에 대한 질문'은, 기독교인들에게도 '민주주의에 대한 기독교인들의 생각과 행동'을 올려놓고 사람들과 세상과 하나님의 심판을 받는 피고인의 자리에 설 것을 요구합니다. 하나님은 세상의 일과 민주주의를 초월하는 존재이지만, 이 세상을 살아가는 기독교인들은 세상의 일과 민주주의를 초월하는 존재가 아닙니다. 기독교인들은 '하나님'과 하나님을 믿는 '사람'을 착각하면 안 됩니다. 하나님은 완전해도, 하나님을 믿는 사람은 완전하지 않습니다. 하나님을 믿는 '사람'들의 '기독교신앙'은 기독교인들의 개인적이고 집단적인 자기사랑과 욕망과 이해관계와 불의와 무지와 교만으로 오염(汚染)되며, 흰 눈처럼 순결하지 않습니다. 기독교인들은 민주주의를 반대하는 신앙으로 세상에 악을 저지를 수 있고, 민주주의에 무관심한 신앙으로 세상의 악에 동참할 수 있으며, 민주주의에 대한 지혜의 부족 때문에 세상의 악을 저지하지 못하고 민주적 소수파로 공생하는데 안주할 수도 있습니다. 심판석에 앉아 있는 사람에게는 자기의 죄와 악이 잘 안 보입니다. 심판관의 옷을 벗고 피고인석으로 내려오면 '기독교인들이 / 민주주의를 모르고 민주주의에 태만한 잘못으로 / 사람들과 세상과 하나님에 대해 저지르고 있는 / 사회적이고 집단적인 죄와 악'들의 실상이 드러나 보이게 될 것입니다.

2. 민주주의에 대한 기독교적 의심

두 번째의 시각은 기독교가 민주주의에 대해서 제기하는 '기독교적 의심'입니다. 인간을 모두 죄인으로 보는 기독교에는 기본적으로 인간의 이성과 자율성을 추구하는 민주주의에 대한 '의심'이 있습니다. 이 '기독교적 의심'으로 인해서 기독교와 민주주의 간에는 100% 일치될 수 없는 필연적 '긴장'이 있습니다. 이 긴장 때문에 '민주주의는 좋은 것이니, 기독교인들도 민주주의를 적극 지지해야 한다.'는 단순한 명제로 우리가 만족하고 멈추는 것은 불가능해집니다. 기독교적 의심은 모든 사람을 믿지 않고, 사람이 만드는 모든 것을 믿지 않습니다. 기독교적 의심은 보수도 믿지 않고 진보도 믿지 않고, 권력자도 믿지 않고 시민들도 믿지 않고, 비기독교인도 믿지 않고 심지어 기독교인들 자신조차도 믿지 않습니다. 그리고 기독교적 의심은 인간의 순결한 정의감에 대해서도 민주주의의 완성에 대한 희망에 대해서도 안심을 하지 않고 의심을 합니다.

이 기독교적 의심의 과격하고 극단적인 전개는 민주주의에 적대적인 기독교 신앙을 만들어냅니다. 이 기독교적 의심의 소극적이고 수동적인 전개는 민주주의에 무관심한 개인주의적 기독교 신앙을 만들어냅니다. 이 기독교적 의심의 철저함은 성경적 정의를 외치고 불의에 대한 저항을 외치는 사회참여적 기독교신앙에 대해서조차도 경계심을 표명합니다. 그러나 이 기독교적 의심의 적절하고 진지한 전개는 민주주의 속에서 펄펄 살아 움직이는 인간의 본성적 자기사랑의 욕망과 그로 인해 발생하는 인간의 폭력성과 악이라는 민주주의의 내재적 위험과 한계를 적극적으로 조명해 줄 가능성을 가지고 있습니다.

3. 기독교와 민주주의 간의 변증법적 대화 – 인간에 대한 신뢰와 인간에 대한 불신

그 결과, 우리가 모색할 수 있는 마지막 시각은 기독교와 민주주의 간의 유의미한 '변증법적 대화'입니다. 이 변증법의 기본적인 대립항은 민주주의가 가지는 '인간에 대한 신뢰'와 기독교가 가지는 '인간에 대한 불신'입니다. 민주주의에는 인간의 자유와 평등과 평화와 박애에 대한 성선설적 신뢰와 희망이 주된 요소로 있으나 권력의 남용과 인간의 이기심에 대한 성악설적 불신과 견제도 보조적인 요소로 함께 존재합니다. 민주주의의 인간에 대한 신뢰는 기독교적 의심의 대상이 됨과 동시에 '사람이 하나님의 형상에 따라 태어났다(창세기 1:26-27)'는 기독교적 인간관의 출발점에 부합하는 면도 있습니다. 한편 권력분립과 죄형법정주의로 표현되는 민주주의의 권력에 대한 불신에는 인간에 대한 기독교적 의심과 연결되는 맥락이 있습니다.

민주주의에는 인간의 정의감이라는 상향성의 요소와 인간의 욕망이라는 하향성의 요소가 함께 존재합니다. 민주주의의 제도를 통한 경쟁과 투쟁은 민주주의 속에 들어있는 인간의 정의감과 박애정신이라는 밝은 빛깔이 인간의 불의와 이기심이라는 어두운 색깔과 함께 서로 엉켜서 뒹구는 싸움터입니다. 그래서 민주주의는 우리에게 희망을 주지만 실망도 줍니다. 인간에게 정의감만 있다면 (우리는 곧바로 이생의 천국을 이루어) 민주주의 자체가 필요 없게 되겠지요. 인간에게 욕망만 있다면 세상은 이생의 지옥이 될 것입니다. 인간의 정의감을 너무 믿었던 것이 공산주의의 실패원인이 되었지요. 인간의 욕망을 너무 믿는 것은 자본주의의 실패원인이 될 것입니다. 민주주의는 인간의 정의감과 욕망 사이에서 춤을 추고 갈등하고 미끄러지기도 합니다. 정의감이 폭주하면 인간의 삶이 딱딱해지고 욕망이 폭주하면 민주주의 자체를 파괴합니다.

민주주의의 정의감은 기독교의 이웃사랑에 연결되고 민주주의의 욕망은 기독교의 자기사랑에 상응합니다. 그런데 기독교적 의심은 인간의 이웃사랑과 정의감 속에서도 상대적 악(惡)을 발견하고 인간의 자기사랑과 욕망 속에서도 오히려 상대적 선(善)을 발견합니다. (정의감의 내부에도 욕망이 들어있고, 욕망의 대립과 상호견제가 정의를 만들어내기도 한다는 역설 때문입니다.) 이것은 민주주의를 정의감으로만 바라보고 인간의 욕망의 무게를 경시하는 민주주의적 결벽성의 한계를 경고합니다. 이런 맥락에서 기독교와 민주주의 간의 긴장은, 기독교와 민주주의 양자 모두에게 이익을 줄 수 있습니다. 인간에 대한 기독교적 의심, 즉 인간의 자기사랑이 낳는 폭력과 불의와 악에 대한 기독교의 치열한 문제의식은 인간의 욕망과 정의감 사이에서 갈등하고 동요하는 민주주의의 작동원리와 민주주의의 오작동(mal-function) 위험에 대한 인식을 더욱 심화시켜 줄 수 있습니다. 이것은 기독교와의 대화가 우리의 민주주의에 대한 인식과 실천을 더 건강하고 현실적인 것으로 만들어 줄 수 있다는 가능성을 보여줍니다.

인간의 자기사랑은 (i) '개인적 차원'의 일상적(생활적) 자기사랑과 욕망과 갈등과 폭력과 악으로만 나타나는 것이 아니라, (ii) '집단적이고 계층적인 차원'의 대립적(당파적) 자기사랑과 욕망과 갈등과 폭력과 악, (iii) 그리고 더 크게는 '국가적이고 민족적인 차원'의 절대적(초월적) 자기사랑과 욕망과 갈등과 폭력과 악으로도 나타납니다. '개인주의적인 기독교신앙'은 인간의 죄와 불의를 개인적인 차원으로만 축소시키는데, 이것은 나와 너와 우리 자신과 그들이 사회적이고 집단적인 차원에서 만들어내는 죄와 불의의 현실로부터 우리를 무감각하게 만들어서, 오히려 인간의 집단적인 죄와 악을 증폭시키는 결과를 낳습니다. 그러므로 기독교인들에게 인간의 '집단적'인 욕망과 갈등과 폭력과 악을 다루는 민주주의를 진지하게 고민하고 이해하는 것은 매우 중요한 과제입니다. 그러지 않으면, 우리 기독교인들의 독실한 신앙은 계속 개인적인 죄만 회개하면서, 아무런 죄의식도 없이 집단적인 죄를 저지르는 점잖은 악당들로 전락할 수 있습니다.

6장. 박근혜 사태에 대한 기독교인들의 세 가지 반응
- 권세 / 경건 / 정의

1. 세 가지 장면

이제 '기독교인'의 입장에서 '박근혜 사태'를 바라봅니다. 이 기간 동안 박근혜 사태에 대한 기독교인들의 반응은 어떠했는가? 사태 초기에 세 가지의 주목할 만한 반응 유형들을 살펴볼 수 있습니다. 첫째는 2016년 10월 24일 오후 종교사회단체 중 '유일'하게 거의 빛의 속도로 "개헌에 대한 박근혜 대통령의 용단을 환영하고 적극 지지"하며 "대통령의 결단에 박수를 보낸다."는 내용의 지지성명을 발표한 한국기독교총연합회(한기총)와 한국교회연합(한교연)의 민첩한 정치적 행동입니다. 둘째는 "대통령의 문제로 온 나라가 시끄럽지만, 이럴 때일수록 더욱 주님을 바라보아야 한다."고 기도와 영성생활을 강조한 어느 목사님의 페이스북 글을 둘러싼 논란에서 볼 수 있었던 다소 곤혹스러운 경건주의적 반응입니다. 셋째는 그리스도교 공동시국선언을 통해서 박근혜 대통령의 즉각 퇴진을 요구하고 "정의와 평등의 나라를 기원"한 진보 내지 개혁적 기독교 단체들의 적극적인 사회참여적 반응이었습니다.

박근혜 사태에 대한 기독교인들의 위 세 가지 반응은, 기독교인들이 일반적으로 정치 문제에 대해서 나타내는 세 가지 전형적 태도와 거의 일치합니다. 우선 개헌지지성명으로 나타나는 한기총 등 일부 기독교 지도자들의 정치적 행동은 정치적으로 보수세력을 지지하는 우파 기독교인들의 정치적 행동주의입니다. 이 입장은 성경에서 "하나님이 주신 권력에 대한 순종(로마서 13:1-2)"과 "임금과 권세자들을 위한 기도(디모데전서 2:1-2)"를 강조합니다. 다음으로 정치와 사회가 복잡할수록 기도에 집중하자는 경건주의적 태도는 '정치적으로 무관심하거나 정치적인 열정을 경계하는' 비정치적 기독교인들의 행동양식입니다. 이 입장은 성경에서 "하나님의 나라는 이 세상에 속한 것이 아니라(요한복음 18:36)"는 예수님 말씀과 "너희는 위의 것을 생각하고 땅의 것을 생각하지 말라(골로새서 3:2)"는 서신서의 구절들을 묵상합니다. 마지막으로 '정의와 평화의 나라'를 실현하자는 공동시국선언에 참가한 기독교 단체들은 세월호 사건에서 박근혜 사태에 이르기까지 정치적 진보진영과 함께 광화문을 지키면서 희생자들과 함께 했던 진보 내지 개혁적 기독교인들의 정치적 참여주의를 보여줍니다. 이 입장은 "정의를 강물처럼 흐르게 하고(아모스서 5:24)" 예수님의 이름으로 "가난한 자에게 자유와 기쁨의 희년(Jubilee)을 선포하는(누가복음 4:16-19)" 성경적 정의를 추구합니다. 어려운 문제는 이 세 가지 입장 모두가 성경적 근거를 주장하고 있다는 것입니다.

2. 미움과 참음

이 세 가지 입장의 차이와 대립은 기독교의 2천년 역사 속에서 여러 나라와 여러 시대에 모습을 바꾸면서 지속되어 왔습니다. 그리고 이서로 다른 입장들 사이의 현실적 적대감과 신앙적 불편함은 뿌리가 깊고 만만치가 않습니다. 세상의 보수와 세상의 진보가 서로를 정치적·당파적으로 미워하는 것만큼이나 정치적으로 보수적인 기독교인들과 정치적으로 진보적인 기독교인들은 서로를 정치적·신앙적으로 견디기 힘들어합니다. 한편 비정치적 기독교인들은 정치적 토론을 제기하는 기독교인들을 불편해하거나 신앙적으로 의심하고, 정치적으로 예민한 기독교인들은 정치를 외면하는 기독교인들을 답답해하거나 신앙적으로 무책임하다고 생각합니다.

이 글에서는 위 세 가지 입장 중 어느 한 가지 입장이 옳다고 선택하고 나머지 입장들을 심판하는 접근법을 최대한 피해보려고 합니다. 첫째 이유는 그러한 판단을 내리는 바로 그 순간 세 가지 입장의 기독교인들 사이에서는 더 이상 의미 있는 대화를 지속하기가 어려워진다는 점 때문입니다. 그러니 나의 입장을 가지고 다른 입장을 정죄하기에 앞서 각자 우리 마음속의 분노를 꾸-욱 눌러 참고 '우선 자기 입장의 객관적 근거와 주관적 한계를 먼저 돌아보는 것'이 필요하다고 생각합니다. 먼저는 '모든 사람의 생각은 다 완전하지 않다는 것'을 생각하고,¹ 다음으로는 우리가 비록 '(정치적) 원수를 사랑하는 것'까지는 해내지 못하더라도 예수님의 충고를 받아들여 '(정치적) 원수를 아주 잠깐 동안은 견디어 볼 것'을 제안합니다.

둘째 이유는 우리가 어떤 한 입장을 선택하더라도 다른 입장과 생각을 가진 기독교인들은 결코 없어지지 않고 지속적으로 존재할 것이라는 점 때문입니다. 이것은 세상의 민주주의 제도 위에서 진보적인 지향의 사람들과 보수적인 성향의 사람들은 각각 계속 존재하고 끊임없이 서로 대립할 것이라는 점과 연결이 되는데, 요점은 정치적으로 보수적인 입장에도 정치적으로 진보적인 입장에도 각각 객관적인 근거가 있고 존재의 이유가 있다는 것입니다. 한편 기독교가 하나님을 믿는 것을 제일의(第一義)로 하는 초월적인 신앙인 이상 하나님에 '더' 집중을 하고 세상일을 허무하고 절대적인 가치가 없다고 생각하려는 비정치적 기독교의 태도는 기독교의 본질적 요소 중 하나이기도 합니다. 그러니 어느 한 가지 입장만을 취하는 것은 불완전할 수 있고, 다른 입장들이 다 사라지기를 바라는 것은 불가능한 일입니다.

어차피 기독교인들의 세 가지 정치적 입장들이 과거에도 존재해 왔고, 현재에도 모두 존재하며, 앞으로도 계속 존재할 수밖에 없다면, 각 입장의 '객관적 근거'와 '존재의 이유'를 함께 이해하고, 각 입장의 '객관적 한계'와 '주관적 결함'을 서로 함께 규명하고 경계하며, 그리고 각 입장 간의 상호작용의 법칙 및 오작동의 위험을 함께 인식하고 실천하는 것이 필요하다고 봅니다. 일차적인 관찰의 내용은 「정치적으로 보수적인 기독교는 인간의 자기사랑과 욕망에 견고하다는 장점이 있으나 인간의 이웃사랑과 정의감에 둔감한 단점이 있고 / 정치적으로 진보적인 기독교는 인간의 이웃사랑과 정의감에 치열하다는 장점이 있으나 인간의 자기사랑과 욕망에 대한 인식의 취약성이 있으며 / 신앙적으로 경건한 비정치적 기독교는 하나님 사랑의 초점을 견지한다는 장점이 있으나 진지한 이웃 사랑의 추구에 대해서는 불철저하거나 사실상 무관심하다는 단점이 있다」는 것입니다.

7장. 기독교인들의 세 가지 정치적 입장
– 민주주의와의 연결점 및 단절점

정치적으로 보수적인 기독교의 신앙적 키워드는 하나님이 주신 '권세'에 대한 순종이고, 기도에 집중하자는 비정치적인 기독교의 키워드는 하나님에 대한 '경건'이며, 정치적으로 진보적인 기독교의 신앙적 키워드는 성경적 '정의'의 실현입니다, 이하에서는 위 세 가지 입장이 각각 어떤 점에서 민주주의와 연관되는지, 그리고 어떤 점에서 민주주의와의 간격을 드러내는지, 그 연결점과 단절점을 함께 살펴보고자 합니다.

1. 정치적으로 보수적인 기독교인들과 민주주의 – '권세에 복종하고 임금을 위해 기도하라'

정치적으로 보수적인 기독교가 강조하는 '권세' 즉 법과 질서의 존중은 '사람들의 생명과 안전을 보호'하는 사회적 기능의 유지라는 점에서 민주주의와 연결됩니다. 그러나 '위에 있는 권세에 복종하고, 임금들을 위해서 기도하자'는 이 신앙적 입장이 왕정과 민주주의 사이의 본질적 차이를 무시하거나 경시하면 문제가 생깁니다.

왕정과 민주주의의 차이 ● ● ● 왕정 사회의 주권(主權)은 왕에게 있어서, 왕에게 저항하는 사람은 사회질서를 해치는 반역자로 처형을 당했습니다. 그러나 민주주의 사회의 주권은 국민에게 있어서, 오히려 민주주의 절차를 해치고 국민 위에 군림하려는 권력자가 사회질서를 해치는 반역자나 정치적 실패자(=실정의 책임자)로서 권력의 교체나 박탈이라는 제재를 당합니다. 왕정 사회의 '임금'은 '개인으로서의 왕(王)'이지만, 민주주의 사회의 '임금'은 권력자가 아니라 '집단으로서의 국민'입니다. 이래서 어느 나라에서나 왕정(식민지배와 군부독재의 유사왕정 포함)과 민주주의 사이에는 민주주의 혁명(Democratic Revolution)이라는 획기적인 주권의 전복(顛覆) 과정을 거치게 됩니다. 기독교인들이 이 점을 무시하고 무조건적으로 권력자에 대한 순종과 기도만을 주장하게 되면, 민주주의의 진짜 임금인 국민들에 대한 복종과 기도는 외면하고 민주주의의 가짜 왕, 유사(類似) 왕들에 대한 복종과 기도에만 애를 쓰는 방향 착오적인 정치행동을 낳게 됩니다.

이 입장과 관련해서는 또 한 가지의 중요한 신앙적 문제제기가 있습니다. 그것은 성경에는 권력의 순기능(順機能)과 선한 역할을 강조하는 로마서 13장 및 디모데전서 2장만 있는 것이 아니라 오만한 권력자들의 무너짐을 예언하는 누가복음 1장의 마리아 기도,[2] 로마제국의 황제권력을 사탄적 짐승의 권세로 규탄하는 요한계시록 13장, 그리고 정치권력과 종교권력의 합작으로 처형당한 사형수 예수의 십자가(十字架)가 권력의 악과 역기능(逆機能)을 격렬하게 증언하고 있다는 것입니다. 그러므로 정치적으로 보수적인 입장의 기독교인들에게는 두 개의 숙제가 던져집니다. 정치적인 숙제는 '민주주의 사회에서의 임금이 누구이며, 민주주의 사회에서 복종해야 하는 권세와 질서는 무엇인가'라는 민주주의의 질문을 다시 생각해 보는 것이고, 신앙적인 숙제는 성경과 예수님이 부르짖는 '권력의 악과 불의'에 대한 규탄을 다시 심각하고 정직하게 대면하는 것입니다.

한편 정치적으로 보수적인 기독교신앙이 다른 입장의 기독교인들에게 거꾸로 던져주는 숙제도 있습니다. 그것은 "사람들의 '생명과 안전과 질서'에 관련된 보수적 기독교 신앙과 정치적 보수주의의 강력한 어필을 어떻게 이해할 것인가?"라는 질문입니다. 이러한 안정 욕구를 개인의 이기심, 욕망, 불의라는 이름으로 규탄하는 것만으로는 부족합니다. 역사적 경험은 한 공동체가 위협에 처하면 진보나 정의라는 명제들이 생존의 요구 앞에 급격히 떠내려가는 것을 보여주고, 개인적 경험들은 한 개인의 삶이 어려워지거나 터프해질수록 진보의 정의파가 중도의 관망파나 보수의 현실파로 서서히 변해가는 모습들을 보여주기 때문입니다.

2. 비정치적 경건주의 기독교와 민주주의 – '하나님 나라는 이 세상의 것이 아니다'

다음으로 비정치적 기독교의 키워드인 '경건'은 개인적인 차원에서 하나님에 대한 초월적인 신앙에 집중할 것을 요구하고 세상의 일인 민주주의에 대해서는 적극적인 관심이나 구체적인 의견을 제시하지 않습니다. 그럼에도 불구하고 '경건주의' 기독교가 민주주의와 연결되는 지점을 굳이 찾는다면 그것은 '불완전한 인간들이 만드는 민주주의에 대한 의심과 회의적인 태도'입니다. 아주 적극적으로 해석해 보면 이러한 '회의(懷疑)'는 민주주의, 자본주의, 공산주의 등 사람이 만드는 제도와 체제 중의 어느 것이든지 절대화, 신성화하거나 우상화하는 것을 경계하고, 인간을 어떠한 체제이념의 노예로 만드는 것도 경계하는 '절대불신'을 통해 민주주의에 기여하는 측면이 있습니다. '정치적 소극성'이라는 측면으로 살펴보면 비정치적 기독교의 정치적 무관심은 어느 나라에서나 투표절차에 참여하지 않는 30% 내지 50%의 정치적 무관심층이 보여주는 개인주의적 비정치성과 연결되며, 한편으로는 안정된 사회의 중산층에게서 나타나는 정치적 현상유지 성향과도 연결되는 면이 있습니다. 마지막으로 '개인주의'의 측면에서 바라본다면 비정치적인 기독교는 민주주의 제도가 '개인'에 대해서 제공하는 '국가권력으로부터의 자유와 독립성', '신앙의 자유와 양심의 자유' 등 민주주의의 핵심 기본권 중 '소극적 자유의 추구'와 연결됩니다.

공적 이웃사랑은 어디에 ● ● ● 경건주의 기독교의 정치적 무관심성에 대해서는 오히려 강력한 신앙적인 문제제기가 하나 있습니다. 예수님은 기독교 신앙을 '하나님을 사랑하고' '이웃을 내 몸과 같이 사랑하라'는 두 마디의 적극적인 이중계명으로 요약했고,[3] 구약의 십계명에는 하나님과 사람의 관계에 관한 첫 번째 돌판의 네 계명("하나님 계명들")과 함께 사람과 사람 사이의 관계에 대한 두 번째 돌판의 여섯 계명("인생 계명들")이 있습니다.[4] "비정치적인 경건주의 기독교는 이 중 '하나님에 대한 사랑'과 십계명 중 첫 번째 돌판의 하나님 계명들만 쳐다보고, '이웃에 대한 사랑'과 두 번째 돌판의 인생 계명들은 무시하고 있지 않은가?"라는 지적입니다. 기독교인들의 이웃사랑이 무엇인가에 대해서는 '민주주의' 제도가 그 이전 시대와는 달리 새롭고 중요한 문제를 던져줍니다. 개인주의적 경건주의 기독교는 보통 전도와 사적 자선과 구제를 이웃사랑의 주된 실천내용으로 설명하는데, 이것만으로는 현대 사회의 이웃사랑을 설명하는데 불충분하다는 것입니다. 전도는 이웃사랑보다는 하나님 사랑의 영역에 해당할 가능성이 크고, 현대 민주주의 제도에서의 이웃사랑은 내가 아껴 쓰고 남은 것을 개인적, 자발적으로 나누어주는 '사적(私的) 이웃사랑'의 영역보다 세금과 복지 등의 경제제도를 통해서 사회의 재물과 기회를 사회적, 강제적으로 분배하는 '공적(公的) 이웃사랑'의 영역, 공적 정책결정과정의 역할이 훨씬 크기 때문입니다.

왕정 사회에서 왕이 아닌 개인들이 공적 사회적으로 이웃을 사랑할 수 있는 방법은 제한되어 있었습니다. 그러나 민주주의 사회의 개인들은 정치적, 경제적 고통과 불안으로 울고 있는 이웃들을 선거와 정치 행동으로 사랑하고 도와줄 수 있고, 그 반대로 정치적 무관심과 정치적 공격성으로 그 이웃들을 공격하고 해칠 수도 있습니다. 이렇게 본다면 경건주의 기독교인들이 정치에 대해 소극적이고 관심을 갖지 않는 것은 이웃을 사랑하라는 계명에 대한 신앙적 태만을 넘어서 '적극적으로 이웃을 사랑하지 않는 것(NOT Loving Neighbors)' 즉 기독교적 불신앙이라고까지 해석될 여지가 있습니다. 개인적으로 경건한 기독교인이 사회적으로는 이기적인 사람들이 되고, 공적, 정치적으로는 이웃과 약자들을 배척하고 공격하는 악을 행하는 사람들이 될 수 있는 것입니다. 이것은 "개인주의적 경건주의 신앙이 '하나님에 대한 사랑'이라는 이론적 강조 속에서 실천적으로는 '이웃사랑에 무관심한' '개인적인 자기사랑'에 치중되어 있지 않은가?"라는 질문으로 연결됩니다.

그러므로 경건주의적 기독교인들의 '민주주의에 대한 의심'은, 거꾸로 화살을 돌려 경건주의적 기독교인들의 '자기 자신에 대한 의심'을 요구합니다. '우리들의 개인주의적 신앙과 정치적 무관심은 우리들의 이웃에 대한 공적 무관심, 우리들의 사회적이고 집단적인 악과 불의로 나타나고 있지 않은가?'라는 질문입니다. 박근혜 사태와 관련하여 지탄을 받는 고위공직자와 국회의원들의 삼분의 일 내지 절반 안팎이 독실한 기독교인들이라고 합니다.[5] 따라서 경건한 기독교인들이 저지르는 정치적 악과 불의의 가능성과 현실성은 모두 부인하기 어렵습니다. '성경을 끼고 사는 착한 악인들'이 존재할 수 있는 것입니다. 이 질문은 '경건하고 독실한 기독교인' 모두에게 현실적으로 던져지는 질문입니다. 그러므로 경건주의 기독교는 더 이상 민주주의에 대한 질문을 소극적으로 회피하지 않고, 여기에 대한 적극적인 해답을 찾기 위한 진지한 노력을 시작해야 합니다.

3. 정치적으로 진보적인 기독교와 민주주의 – '정의를 강물처럼 흐르게 하라'

마지막으로 정치적으로 진보적인 기독교의 키워드인 '정의'에 대해서 살펴보겠습니다. 진보적 기독교신앙이 주장하는 '사회적 정의'는 민주주의의 핵심가치인 '자유와 평등과 평화와 박애'의 요구와 가장 친근하고 밀접한 관계에 있습니다. 왕정 사회나 식민지 사회에서나 유사왕정인 독재자들의 치하에서 기독교적 정의를 외치는 자유와 평등과 해방의 요구는 왕이나 식민지 권력이나 독재자들에 대한 저항과 반역으로 취급되어 혹독한 탄압을 받았습니다. 그러므로 민주주의는 기독교적 정의가 추구하는 사회적 정의의 내용 그 자체일 뿐만 아니라, 기독교적 정의를 주장하고 실현하는데 가장 좋은 정치적 제도라고도 할 수 있습니다. 2016년 11월 이후 한국의 박근혜 사태에서 정치적 불의가 무너지는 것을 보면서 가장 기쁨을 느끼는 사람들도 이 입장의 기독교인들이고, 2016년 11월 이후 미국의 트럼프 사태에서 이민자들과 소수자들에 대한 증오와 배척의 목소리가 승리하는 것을 보면서 가장 타격을 받고 힘들어 하는 것도 이 입장의 기독교인들입니다. 기독교인들의 정치적 책임과 공적 이웃사랑의 추구에 대해서 가장 적극적으로 반응하는 이 입장에 대해서도 '민주주의'는 다음과 같이 세 가지의 중요한 정치적 질문 및 신앙적 질문을 제기합니다.

민주주의의 상대성: 정의감과 욕망의 공존 문제 ● ● ● 첫 번째의 정치적 질문은 "민주주의 사회에서 '정의'와 '불의'의 경계를 어떻게 설정할 수 있는가?"라는 문제입니다. 역사 속에는 쿠데타로 집권한 독재자, 식민지 권력, 미국의 노예제도처럼 명백한 '절대적 불의'가 인정되고, 그것과 싸우는 것이 비교적 명백한 '절대적 정의'로 인정될 수 있는 경우들이 있습니다. 그러나 보통·자유선거로 권력을 선출하고 교체하는 절차적 민주주의가 어느 정도 정착되고 그 위에서 보수정당과 자

유주의/진보 정당 사이의 정치적 경쟁과 권력의 주기적 교체가 이루어지는 경우에는 정치적 불의와 정치적 정의의 경계선에 관한 질문이 어려워집니다. 이 경우에도 정치적으로 진보적인 입장은 욕망에 충실한 정치적 보수주의를 정치적으로 불의하고 경제적으로 이기적인 세력으로 인식하고 규탄합니다. 그러나 정치적으로 보수적인 사람들은 욕망과 안전에 충실한 자기들의 어젠다(agenda)를 정치적 불의라고 공격받는 것에 대해서 결코 동의하지 않고, 거꾸로 진보를 사회의 안전을 해치고 혼란을 야기하는 불의하고 불안한 세력이라고 공격합니다. '절대적 불의와 절대적 정의의 시대'에서 '상대적 정의와 상대적 불의의 시대'로 넘어온 것입니다. '절차적' 민주주의에는 보수와 진보 등 서로 다른 입장의 정치세력들이 링 위에 함께 올라와 실력을 겨루는 권투시합의 룰 같은 성격이 있습니다. 상대방 선수가 링 위에 올라오는 것을 아예 가로막으면 권투시합이 열릴 수 없는 것처럼, 보수와 진보의 어느 쪽이라도 상대방의 존재와 자격 자체를 배격하는 것은 민주주의의 절차 자체를 부정하는 '민주주의의 적'이 됩니다. 보수의 안전을 위해서 진보적인 사람들의 변화 욕구를 모두 없앨 수 없는 것처럼, 진보의 정의감을 위해서 보수적인 사람들의 안정 욕구를 모두 없앨 수도 없습니다. 민주주의 제도 하에서 진보의 정의감은 보수의 욕망과 함께 사는 방법을 배워야 하고, 보수의 욕망도 진보의 정의감을 견디어내는 방법을 배워야 합니다. 민주주의 제도는 정치적으로 진보적 기독교인들의 '정의감'을 지지하고 격려하는 동시에, 정치적으로 진보적인 기독교인들에게 '사람들이 가지는 욕망에 대한 이해'를 요구합니다. 1960~70

년대에 독재, 식민지, 인종차별 등의 절대적 불의에 맞서 싸우는 민주주의적 저항운동 및 민권운동과 함께 기독교적 정의를 선포했던 남미의 해방신학과 한국의 민중신학과 미국의 흑인신학들이 오늘날 21세기의 상대적 민주주의 사회에서 부딪치는 현실적 방향설정 상의 어려움도 이 질문과 같은 맥락 위에 서 있습니다.

인간의 이중성: 이웃사랑보다 더 강한 자기사랑의 존재 ● ● ● 정치적으로 진보적인 기독교인들에 대한 두 번째의 질문은 '기독교인들을 포함하는 인간의 삶에서 이웃사랑과 자기사랑이 병존하는 현실'에 관한 신앙적 문제입니다. 예수님은 '이웃을 사랑'하고 '자기를 부인(否認)'하라고 가르쳤습니다.6 정치적으로 진보적인 기독교인들의 기독교적 '정의감'은 신앙적으로 이 '이웃사랑'과 '자기부인'의 명제와 연결되어 있고, 정의를 추구하는 사람들은 대체로 이기적인 '자기사랑'은 별로 좋아하지 않습니다. 문제는 '자기를 사랑하지 않고 이웃만 사랑하는 사람은 세상에 없다'는 것입니다. 예수님이 "이웃을 사랑하기를 자기 몸과 같이 사랑하라"고 말씀하신 것은 긍정적이든 부정적이든 모든 사람에게 존재하는 '자기사랑'의 실체를 인정한 것입니다. 이 자기사랑은 정의감이 비교적 약한 보수적인 사람들에게도 있고, 정의감이 비교적 강한 진보적인 사람들에게도 있습니다. 기독교인들의 이웃사랑이 해야 할 일(Sollen), 즉 당위(當爲)라면 기독교인들의 자기사랑은 존재하는 것(Sein), 즉 현실입니다. 자기사랑의 존재를 부인하는 이웃사랑의 추구는 '현실을 떠난 당위'가 되어 실패할 수 있습니다. 그런데 한

편 가난한 사람들의 자유와 해방을 추구하는 이웃사랑의 정의감도 다른 각도에서 보면 '가난한 사람들의 집단적 이익-집단적 자기사랑'을 스스로 보호하고 실현하려는 '집단적 자기사랑'의 긍정적 발현으로도 볼 수 있습니다. 이것은 인간의 자기사랑을 무조건 이기적이고 불의하고 부정적인 것이라고 비난하는 것 자체가 타당하지 않을 수 있다는 점을 보여줍니다. 그러므로 오늘의 상대적 민주주의 사회는, 정치적으로 진보적인 기독교인들에게 「기독교적 정의감을 '이웃사랑'의 주관적 추구로만 이해하는 것이 아니라, '이웃사랑의 주관적 추구'와 '자기사랑의 객관적 추구'가 복합적으로 결합된 개념으로 발전시켜서 새롭게 이해하고 실천하는 길」을 찾으라는, 아주 어려운 숙제를 내어주고 있습니다.

모든 인간의 악과 불의: 불의한 인간들이 추구하는 사회적 정의의 모순 ● ● ● 마지막으로 정치적으로 진보적인 기독교인들에게 제기되는 세 번째의, 그러나 아마 가장 중요한 신앙적 문제제기는 '모든 인간의 악과 불의'에 관한, '기독교적 의심과 절망'이 던지는 질문입니다. 세상에서 불의에 대해서 분노하고 정의를 위해서 헌신하고 싸우는 사람에게는 '정의'와 관련된 딜레마가 발생합니다. 그것을 '불의와 싸우는 사람들'도 '완전히 정의롭지는 않다'는 사실입니다. 사회적 불의를 저지르는 사람들, 정치적 악의 편에 서 있는 사람들의 죄와 악과 불의를 인식하고 규탄하는 것은 필요하기도 하고 상대적으로 쉬운 일입니다. 그런데 사회적 불의를 규탄하고 사회적 정의를 추구하는 사람들 자신의 악과 불의와 한계를 인정하는 일은 영 불편하고 꺼림칙하며 도무지 흥이 나지 않는 일입니다. 사회적 정의를 부르짖는 나도 별 볼 일 없는 죄인이라면 도대체 어떻게 되는 것인가? 자기의 한계를 넘어 정의를 위해 싸우려는 사람이 자기 자신의 죄와 불의를 인식하고 묵상하면 도대체 기가 죽고 풀이 죽어서 정의를 위한 싸움에 나서기가 어렵고, 싸움에 나서더라도 뒤에서 쭈뼛쭈뼛 엉덩이를 빼고서 따라다니게 됩니다. 그러니 불의한 자들을 규탄하는 싸움을 하려면 부득이하게나 자신의 불의에 대한 묵상을 옆으로 제쳐두게 되고, 정의를 위한 싸움에 참여하다 보면 서서히 나 자신이 외견상 (내가 보거나 다른 사람들이 보거나) 점점 더 정의로운 사람으로 되어 갑니다.

일반적으로 사회정치적으로 보수적인 기독교인들에게는 인간의 불의를 너무 깊이 묵상하고 인정하는 가운데 오히려 세상의 악을 용납하고 자신을 포함한 세상의 불의를 사랑하기까지 하게 되는 '신앙적 태만'이 발생합니다. 그런데 그 반면에 사회정치적으로 진보적인 기독교인들에게는 세상의 정의를 강조하고 그 실현을 위해 노력하는 가운데 자기 자신을 포함한 인간의 궁극적 불의와 한계를 망각하기 쉬운 '신앙적 위험'이 발생합니다. 기독교인들은 '불의한 인간으로서 사회적인 불의에 안주'할 수도 없지만, '사회적 정의를 실현하는 완전히 정의로운 인간'도 아니므로, '불의한 인간으로서 사회적 정의를 추구해야 하는' 모순 속에 놓이게 됩니다. 우리는 이처럼 '불의한 자로서 정의를 추구한다'는 기독교적 딜레마를 어떻게 이해하고 어떻게 대응할 수 있는가? 이 기독교적 모순에는 어떤 가능성이 있는가? 우리는 인간에 대한 절망으로 주저앉아야만 하는가? 인간의 불의함에 대한 절망이 역으로 사회적 정의에 대한 희망을 더 단단하게 강화시켜 줄 수는 없는가? 저들도 악하지만 나도 악하다면 도대체 나는 어떻게 정의를 위한 싸움을 할 수 있단 말인가? 정치적으로 진보적인 기독교에 대해서 제기되는 이 기독교적 의심의 신앙적 질문들은, 정치적으로 보수적인 기독교와 비정치적인 경건주의 기독교가 비판적이거나 시니컬한 입장에서 항상 물어오던 것이지만, 이제는 정치적으로 진보적인 기독교인들 스스로 자문하고 자답해야 할 필요가 있습니다.

제2부
기독교와 민주주의 총론:
기독교인들에게, 민주주의란 무엇인가
−민주주의에 대한 성경적 이해

1장. 민주주의에 대한 세 가지 기독교적 이해의 한계
– 민주주의에 대한 구체성과 성경적 총체성의 부족

이상과 같이 정치적으로 보수적인 기독교는 '권세'를 강조하고, 정치적으로 무관심한 기독교는 '경건'을 강조하며, 정치적으로 진보적인 기독교는 '정의'를 강조합니다. 이 세 가지 입장에는 모두 민주주의의 핵심 요소들과 '부분적(部分的)으로' 연결되는 지점들이 있습니다. 권세와 법과 질서를 강조하는 보수적인 입장은 '국민의 생명과 안전의 보호'라는 민주주의 공동체의 존속 필요성과 개인의 안정 욕구에 연결되고, 개인적인 경건에 집중하고 국가·사회와의 거리를 두는 비정치적 입장도 '국가로부터의 개인의 자유(Freedom from the State)'7 또는 '개인적인 신앙과 사상의 자유'라는 점에서 민주주의의 소극적 자유권과 연결되며, 정의를 추구하는 진보적 입장은 '자유와 평등과 평화와 박애'라는 민주주의의 기본 강령들과 밀접한 친밀성을 가집니다.

그러나 종합적으로 볼 때에, 위 세 가지 입장에는 모두 "기독교인들에게 / 민주주의란 무엇인가?"라는 이 글의 질문을 대답하기에 불충분한 점이 있는 것으로 보입니다. 첫째는 민주주의에 대한 구체적 문제의식의 부족이고, 둘째는 기독교 신앙 원리의 총체적 적용에 관한 문제입니다.

1. 민주주의에 대한 구체성 부족

앞서 살펴본 '권세', '경건', '정의'의 세 가지 키워드는 "기독교인들에게, 정치란 무엇인가?"라는 보다 일반적인 질문에 대한 답변에 해당합니다. 이 질문은 "기독교인들에게, 민주주의란 무엇인가?"라는 이 글의 질문보다 더 큽니다. '정치'는 '민주주의'보다 큰 상위개념이기 때문입니다. 사회의 '정치' 제도에는 시대에 따라 왕이 권력을 가지는 '왕정'의 정치체제가 있고, 오늘처럼 국민이 권력을 형성하는 '민주주의'의 정치체제가 있습니다. 왕정과 민주주의 간에는 개인이 집단과 관계를 맺는 방법, 개인이 사회 속에서 할 수 있는 능동적인 역할과 책임의 크기, 사적 인생과 공적 질서 간의 상호작용 과정과 절차에 큰 차이가 있습니다. 그래서 우리가 성경에서 그냥 '권세', '경건', '정의'라는 키워드를 꺼내 쓰게 되면, 그 '권세'가 왕정의 세습 왕권을 의미하는 것인지 민주주의 사회의 국민 주권과 선출제 권력을 의미하는 것인지, 그 '정의'가 왕정 시대의 절대적 권력과 절대적 불의를 상대하는 것인지 민주주의 시대의 상대적 권력과 상대적 불의에 대응하는 것인지가 분명치 않게 됩니다. 정치에 무관심한 '경건'은 물론 왕정과 민주주의의 구분 자체에 대해서도 아예 원천적으로 별 의미를 두지 않습니다.

성경이 제시하는 '권세'의 개념과 '정의'의 요구에는 물론 왕정과 민주주의의 시대적 구분을 뛰어넘는 보편적인 진리로서의 성격도 있습니다. 그러나 왕정의 시대적 조건과 배경을 고려하지 않고 왕정에 대한 기독교의 정치적 명제들을 민주주의 사회에 기계적으로 똑같이 적용하면 오답(誤答)을 쓰고도 오답을 쓴 줄을 모르게 되는 일이 발생합니다. 이 세 가지 입장의 '민주주의에 대한 구체성 결여'는 (i) '권세'를 존중한다고 민주주의 시대에 통치자의 왕권을 옹호하거나, (ii) '경건'을 강조하면서 인간의 삶의 조건과 억압에 관한 민주주의 사회와 전제왕정/식민지배/독재정치 사회 간의 피눈물어린 차이를 부정하거나, (iii) '정의'를 추구하는 길에서 전제왕권의 절대적 불의와 선거로 선출되는 민주주의 권력의 상대적 불의 간의 차이를 현실적으로 구분하지 못하는 잘못과 한계들을 낳게 됩니다. 다시 말해서 우리는 '권세'라는 말로 민주주의의 원리와 그 속의 인간생활을 다 이해할 수 없고, '경건'이란 말은 민주주의와 그 속의 인간생활에 아예 별 관심이 없으며, '정의'란 말로 민주주의 내의 정치적 경쟁과 인간생활 속의 보편적 악과 불의를 다 설명해낼 수 없습니다.

2. 성경적 총체성의 부족

다음으로, 위 세 가지 입장에는 신·구약 성경이 제시하는 기독교 신앙의 핵심 원리들을 '총체적으로' 담아내지는 못하고 있다는 한계가 있습니다. 우선 정치적으로 보수적인 기독교가 강조하는 '세상의 권세와 질서에 대한 존중'은 성경이 제시하는 기독교인의 생활원리 중 일부(一部)에는 해당할 수 있겠으나, 이것을 성경과 예수님의 인생에 대한 전체 메시지 중 핵심적이고 본질적인 강령이라고 보기는 어렵습니다. 기독교 신앙의 요체는 세상과 인생의 질서를 있는 그대로 긍정하는 것이 아니라 오히려 거기에 대해서 무수한 질문과 의심을 던지는 도전적인 것이기 때문입니다.[8] 다음으로 비정치적인 기독교의 개인주의적 '경건'은, 기독교의 핵심 강령인 예수님의 이중계명 중 하나님 사랑과 십계명의 첫 번째 돌판에 있는 네 개의 하나님 계명은 치열하게 추구하지만, 예수님의 이중계명 중 다른 하나인 이웃사랑과 십계명의 두 번째 돌판에 있는 여섯 개의 인생 계명은 가볍게 생각하거나 방기한다는 '절반의' 한계가 있습니다.9 마지막으로 정치적으로 진보적인 기독교의 '정의'는, 예수님의 이중계명 중 이웃사랑의 실천과 '하나님의 뜻이 하늘에서 이룬 것처럼 땅에서도 이루어지기'를 간구하는 주기도문의 실천적 기도라는 기독교 신앙의 '적극적 책임의식'을 담당하고 있지만, 그 반대로 기독교 신앙의 또 다른 본질적 요소인 '모든 인간에 대한 처절한 절망과 불신', 즉 어느 사람도 벗어나기 힘든 인간의 보편적 불의와 악과 폭력의 문제, 이웃사랑의 당위보다 더 강하고 끈질긴 자기사랑과 욕망의 힘이라는 기독교 신앙의 '비관적 현실성'에 대한 인식이 취약해지기 쉬운 또 다른 '절반의' 한계가 있습니다. 요약하면, 보수적 입장의 키워드인 '권세'는 기독교 신앙의 중심적 강령이라고 하기 어렵고, 비정치적 입장의 키워드인 '경건'은 하나님 사랑은 하지만 이웃사랑을 놓치고 있으며, 진보적 입장의 키워드인 '정의'는 이웃사랑을 통한 인간의 희망을 추구하지만 자기사랑에 붙잡힌 인간의 절망적인 측면을 놓치기 쉽다는 반반(半半)의 한계들이 있습니다.

그래서 잠정적인 결론은, 오늘 민주주의 사회 속에서 살아가는 사람들과 기독교인들의 사적이고 공적인 인생은 '질서'라는 기준만으로 판단하는 것이 곤란하고, '경건'이라는 기준만으로 경시될 수도 없으며, '정의'라는 기준만으로 다 설명하는 것도 불가능하다는 것입니다.

2장. 민주주의에 대한 기독교적 이해의 기초
- 성경의 세 가지 인생 강령

그러므로 '기독교인들에게, 민주주의란 무엇인가'라는 이 글의 질문을 대답하기 위해서는 성경의 강령적 내용들을 중심으로 하는 새로운 접근방법이 필요하다고 봅니다.[10] 그것은 성경의 핵심적인 강령들을 근거로 해서 인간의 악과 불의가 인간의 삶 속에서 개인적(個人的)이고 집단적(集團的)으로 전개되는 양상을 총체적으로 분석하는 것입니다.

1. 성경의 세 가지 인생 강령 - 이중대계명, 십계명, 주기도문의 각 후반부

전통적으로 성경과 기독교 신앙의 핵심 강령으로 제시되고 논의되는 것은 세 가지입니다. 첫째는 예수님이 직접 기독교신앙의 핵심을 총정리해 주신, '하나님을 사랑하고, 이웃을 자기 자신과 같이 사랑하라'는 복음서의 이중대계명'입니다. 둘째는 하나님의 손으로 직접 두 돌판에 새겨서 시내산에서 이스라엘 백성의 법으로 내려주신 '구약의 십계명'입니다. 그리고 셋째는 예수님 이후 이천 년이 넘도록 전 세계의 기독교인이 거의 매일 암송하고 있는 '예수님이 가르쳐 주신 주기도문'입니다. 흥미롭게도 이 세 가지의 기독교 강령은 모두 하나님에 대한 부분(전반부)와 사람에 대한 부분(후반부)의 두 가지 항목들로 나뉘어져 있습니다. '하나님 사랑'의 첫 번째 대계명과 하나님 계명들을 다룬 십계명의 첫 번째 돌판과 하나님의 이름을 거룩히 하자는 주기도문의 전반부 세 가지 하나님 기도가 서로 연결되어 '하나님에 대한 지식'을 총체적으로 가르친다면, 세 강령의 후반 부분은 서로 연결되어 우리에게 '사람에 대한 지식, 사람과 사람의 사이에 대한 지식, 곧 사람의 세상에 대한 지식'을 가르쳐주고 있습니다.

그러므로 우리가 기독교와 민주주의의 관계를 해명하기 위해서 살펴보아야 할 '성경의 인생에 관한 핵심적 강령'은 세 가지입니다. 첫째는 '너 자신과 같이 네 이웃을 사랑하라'는 예수님의 두 번째 이중대계명이고, 둘째는 '살인하지 말라'에서 '거짓증거하지 말라'에 이르는 십계명 두 번째 돌판의 인생 계명들이며, 셋째는 '우리가 시험에 들지 않고 악에서 벗어날 수 있기'를 간구하는 주기도문의 후반부 인생 기도들입니다. 이하에서는 위 세 가지 인생 강령들을 종합해서, 다음과 같이 민주주의에 대한 기독교적 이해를 모색해 보고자 합니다.

2. 민주주의에 대한 여덟 가지 성경적 명제

1) 첫째, 인간의 삶은 자기사랑과 이웃사랑 간의 긴장과 갈등으로 이루어져 있다. 그 중 더 현실적이고 강력한 것은 이웃사랑의 당위가 아니라 자기사랑의 냉정한 현실이다. 이웃을 사랑하지 않는 사람은 있어도 자기를 사랑하지 않는 사람은 없다. 이웃사랑은 '타인의 자기사랑을 인정하고 존중하는 것'이어서 '거울에 비친 자기사랑'과도 같다. 우리가 이웃사랑을 추구하려면 사람의 자기사랑에 대해서 알아야 하고, 우리가 나와 너와 우리와 그들의 자기사랑을 알면 이웃사랑도 더

잘 할 수 있고 자기부인도 더 잘 할 수 있게 된다.(자기사랑과 이웃사랑의 변
증법)

2) 둘째, 사람의 자기사랑에는 개인적인 차원의 자기사랑만 있는
것이 아니고, 집단적인 차원으로 추구되고 실현되는 집단적 자기사랑
도 있다. 이 집단적 자기사랑에는 또다시 (i) 한 공동체 내부에서 계층
간에 대립하고 싸우는 당파적/계층적 자기사랑이 있고, (ii) 한 공동체
전체의 존속과 관련된 국가적/민족적 자기사랑도 있다. 이 세 가지 모
습의 자기사랑, 개인적 자기사랑과 집단적 자기사랑—당파적/계층적
자기사랑과 국가/민족적 자기사랑—은 각각 다른 성격과 원리를 가지
고 있으나, 서로 연결되고 오버랩 되며, 서로 협력하기도 하지만 서로
를 배척하고 갈등하기도 한다.(인간의 세 가지 자기사랑)

3) 셋째, 사람의 자기사랑은 개인적으로든 집단적으로든 자유롭고
평등하게 전개되기를 원한다. 모든 개인과 집단의 자기사랑에는 동등
한 가치가 있다. 이것이 개인과 개인 간의 사적 이웃사랑을 호소하고,
집단과 집단 간의 공적 이웃사랑을 요구한다. 한 사람의 자기사랑이
다른 사람의 자기사랑을 지배하고 억누르는 것과 한 집단, 계층의 자
기사랑이 다른 집단, 계층의 자기사랑을 부정하고 배척하는 것은 하
나님이 인정하는 바가 아니다. 왕정과 독재는 특정 개인과 특정 집단
의 자기사랑에만 특권을 부여하여 오랫동안 많은 사람들을 괴롭게 했
다. 하지만 민주주의는 개인적이고 집단적인 자기사랑 간의 상호존중

을 강조하고 강제한다는 점에서, 이웃사랑 계명의 실천적 도구가 된다. (자기사랑의 자유와 평등 – 이웃사랑과 민주주의)

4) 넷째, 인간의 자기사랑은 서로 경쟁하고 서로 부딪치면서, 세상의 폭력과 불의와 악을 만들어낸다. 개인적인 자기사랑의 충돌은 개인적으로 다른 사람의 생명과 인생을 해치고, 집단적인 자기사랑의 충돌은 집단적으로 다른 집단의 생명과 인생을 공격한다. 개인적 자기사랑은 지역과 직장의 이웃 간에 일상적이고 생활적인 다툼과 폭력을 만들고, 계층적인 자기사랑은 한 사회 내부의 집단적 이웃 간에 당파적이고 정치적인 대립과 격돌을 만들어내며, 국가적, 민족적 자기사랑은 국가와 국가의 이웃 공동체 간에 격렬한 증오심과 전쟁을 일으킨다. 다른 사람을 죽이지 말고 해치지 말라는 십계명의 제6계명은 인간의 개인적이고 집단적인 자기사랑이 만들어내는 폭력의 존재를 인정하고 그 폭력을 경계하며 경고한다. 민주주의는 사람의 집단적 자기사랑이 세상에서 만들어내는 집단적 폭력과 적대감의 악이 살인과 내전(內戰)으로 나가지 않고 선거와 정치적 경쟁으로 순화되게 만드는 제6계명의 공적 실천방법이자 평화의 도구이다. (인간의 자기사랑과 집단적 폭력 – 제6계명과 정치적 민주주의)

5) 다섯째, 공적 권력은 세상에서 사람들의 삶과 행동에 대한 참과 거짓을 판명하는 '지상(地上)의 심판권'을 갖는다. 권력자의 사적 자기사랑에 오염되거나 당파적 자기사랑의 과잉으로 왜곡된 공적 권력은

(고의적이거나 무지로 인해서) 사람들의 삶을 '공적 거짓 판단'으로 공격하고 파괴하며, 세상에서 참과 거짓의 판단기준을 무너뜨린다. (2016년 말부터 드러난 한국의 박근혜 사태는 공적 거짓심판의 모든 파괴적 양상에 관한 백화점적 표본을 보여준다.) 민주주의는 공적 거짓판단에 대한 법적 견제장치를 제공하지만, 인간의 본성은 그보다 훨씬 더 와일드하다. 그래서 성경은 네 이웃에 대하여 거짓증거하지 말고 거짓판단하지 말라는 십계명의 제9계명을 통해서 사람들을 속이고 해치는 거짓 권력의 해악을 폭로한다. 로마서 13장이 지상의 심판권에 대한 '존중'을 요구한다면, 제9계명은 지상의 심판권에 대한 '심판'을 경고한다.(자기사랑의 왜곡과 공적 거짓 – 제9계명과 법적 민주주의)

6) 여섯째, 살아있는 사람은 자기와 가족의 '일용할 양식'을 구해야만 살아갈 수 있다. '땅(土地)'과 '공장(工場)'과 '시장(市場)'을 통해서 먹고 입고 자고 쓸 수 있는 재화와 서비스를 구하기 위한 노력은 인간의 자기사랑을 위한 인생의 대부분 시간을 차지한다. 먹고 사는 일에 대한 개인적 자기사랑은 주어진 세상의 틀 안에서 각 개인이 끝없는 경쟁과 노동의 노력을 경주하는 '해석론적 인생'11을 살게 하지만, 먹고 사는 일에 대한 집단적인 자기사랑은 한 사회의 경제적인 소유, 생산 및 분배 제도에 관계된 세상의 틀을 바꾸기 위한 정치적 결정을 둘러싸고 보수와 진보 등으로 나뉘어 격돌하는 '입법론적 인생'도 추구하게 한다. 민주주의는 정치의 '광장(廣場)'을 통해서 먹고 사는 일의 틀을 (부분적으로라도) 결정하고 변화시킬 수 있다는 집단적 자기사랑의 가능성을

제공하고, 먹고 사는 일에 대한 보수와 진보의 욕망과 적대감이 평화적인 틀 안에서 논쟁할 수 있는 절차적 정의를 제공한다. (자기사랑과 일용할 양식 - 제8계명과 경제적 민주주의)

7) 일곱째, 모든 인간은 불의하므로, 모든 종류의 권력은 개인의 악을 억누르고 제한함과 동시에 권력을 행사하는 자의 악을 만들어낸다. 사적 권력은 사적 악을 만들어내고, 공적 권력은 공적 악을 만들어낸다. 권력이 있는 사람의 고의는 알면서 악행을 하지만, 권력이 있는 사람의 실수와 무지는 모르면서 더 큰 악행을 저지른다. 힘이 작은 사람은 작은 권력만큼 악을 행하고 힘이 많은 사람은 많은 권력만큼 악을 행한다. 악한 사람의 권력은 위악적(僞惡的)으로 악을 행하고 선한 사람의 권력은 위선적(僞善的)으로 악을 행한다. 사적 권력은 몇몇의 사람들을 개인적으로 해치지만, 공적 권력은 더 많은 사람들을 집단적으로 해친다. 세상의 권력은 인간의 본성으로 인하여 반드시 악을 만들어내므로, 사람들은 선하고 악한 모든 종류의 권력과 싸우고 권력이 만들어내는 악을 제한해야 한다. (자기사랑과 권력의 본성 - 주기도문과 민주주의의 악)

8) 여덟째, 사람이 드는 시험에는 개인적인 사적(私的) 시험이 있고, 집단적인 공적(公的) 시험이 있다. 사람이 시험에 빠지지 않으려면, 기도만 해서 되는 것이 아니라, 시험에 압도당하지 않고 당당하게 시험에 맞서 싸우고 극복을 하는 행동과 실천도 있어야 한다. 사적인 시험

에는 사적으로 맞서 싸우고 씨름하며, 공적인 시험에는 공적으로 맞서 싸우고 씨름해야 한다. 그러나 세상에는 싸워서 이길 수 있는 때도 있고, 싸워도 못 이기는 때가 있으며, 지는 줄 알고도 싸워야 할 때가 있고, 한번 싸움으로 해결되는 시험도 있고, 수십 년 수백 년 동안 졌다 이겼다 해야 비로소 끝이 나는 싸움도 있다. 그러므로 우리는 개인적(사적)으로나 집단적(공적)으로나 시험에 맞서 싸울 때와 싸울 수 없는 때, 싸움의 현실적 가능성과 싸움의 한계, 싸움을 시작할 때와 싸움을 멈출 때를 알아야 한다. (자기사랑과 공적 시험 – 주기도문과 민주주의를 위한 싸움)

3장. 이웃사랑의 대계명과 자기사랑의 대원칙
— 민주주의의 기본원리

1. 자기사랑의 자유와 평등— 특권적 자기사랑을 배척하는 / 민주주의의 이웃사랑

민주주의는 불완전한 제도입니다. 민주주의는 인간과 인생의 모든 문제를 해결해 줄 수 없습니다. 기대가 너무 크면 실망에 빠지게 되므로, 이 점은 분명히 해 둘 수밖에 없습니다. 그리고 민주주의는 계속 권력자가 바뀌게 되는 절차로 인해서 시끄럽고 불안정하기도 합니다. 민주주의는 훌륭한 지도자를 뽑기도 하지만, 형편없는 불량품을 지도자로 뽑기도 합니다. 이것이 민주주의의 평판을 높이기도 하지만, 민주주의에 대한 신뢰를 무너뜨리기도 합니다. 그렇다고 해서 민주주의나 왕정이나 불완전한 것은 마찬가지라고 시니컬한 태도를 보이고, 이러거나 저러거나 아무 상관이 없다는 초탈(超脫)한 태도를 보이는 것은 옳지 않습니다. 일반 시민의 입장에서도 민주주의의 평등권을 왕정의 신분제도와 똑같이 취급하는 것은 위험하고 모욕적이며, 이것은 기독교인의 입장에서도 마찬가지입니다.

기독교인의 입장에서 왕정/독재와 민주주의 간에 신앙적인 가치의 차이는 무엇인가? 그것은 예수님이 가르쳐 주신 공적 생활의 핵심원리, 즉 사람과 사람 사이의 관계에 관한 절대강령인 "네 이웃을 너 자신과 같이 사랑하라"는 인생 대계명의 적용에 있어서, 왕정/독재와 민주주의 사이에는 결정적인 차이가 있다는 것입니다. 즉 왕정과 독재는 '네 이웃(신민)을 너 자신(왕/귀족/독재자)과 다르게' 사랑하는 (또는 미워하는) 제도이지만, 민주주의는 '네 이웃(국민)을 너 자신(국민)과 같이' 사랑하는 (또는 다투는) 제도라는 점입니다. '사람과 사람을 다르게' 보는 것과 '사람과 사람을 같게' 보는 것 사이에는 하늘과 땅 만큼의 차이가 있습니다.

봉건왕조시대에 왕족이나 귀족 계급의 자기사랑에는 신분적 제한이 없었지만, 평민과 노비 계층의 자기사랑에는 신분적 제약과 한계가 주어졌습니다. 이 신분적 자기사랑의 한계를 넘으려고 도전하는 사람에게는 가혹한 대가와 죽음이 주어졌습니다. 일제 식민지 시대에 지배민족인 일본사람들의 자기사랑은 우월한 지위를 차지하고, 식민지 민족인 우리 민족의 자기사랑은 일본 사람들의 발밑에서 일본 사람들의 재산과 생명과 자유를 위해 모욕을 받고 침묵을 강요당하고 도망 다니고 체포당하고 처형당하고 끌려가고 짓밟혀야 하는 비참한 처지에 놓여 있었습니다. 우리나라의 독재 시대에 선거를 없애거나 선거를 웃음거리로 만들어 자기 마음대로 권력을 잡은 독재자와 그 부하들의 정치적 자기사랑에는 제약과 제한이 없었으나, 일반 시민이 자신의 정치적 자유와 정치적 자기사랑을 주장하는 것은 곧바로 체포와 탄압과 죽임이나 직장과 생계의 박탈을 의미했습니다. 한국에서 이것은 아주 먼 옛날이 아니라 불과 한 세대 전까지 있었던 일이고, 최근의 박근혜 사태에서도 그 독재시대의 부활을 시도하고 부분적으로 실현하다가 폭망(暴亡)한 자들이 있습니다. 왕정이나 식민지나 독재체제에서 왕과 귀족과 독재자들에게는 '권력을 독점하고 권력을 행사할 수 있는, 특권적인 자기사랑의 자유'가 제공되었으나, 일반 평민과 시민들에게는 '자유를 포기하고 체제에 순종해야 하는, 숨죽이고 비겁한 자기사랑의 자유'만이 허용되었습니다. 이 '슬프고 억압된 자유'의 상황을 좋아하는 사람들을, 민주주의는 싫어합니다. 민주주의를 보수(保守)하려는 사람은 왕정과 독재를 반대하고, 왕정과 독재를 보수(保守)하려는 사람은 민주주의를 싫어하고 반대합니다. 우리나라에서는 이것 때문에 '보수'라는 말이 오랫동안 혼동에 빠지고 그 의미가 오염되어 왔습니다. 2016년 11월 이후 2017년 3월 탄핵 선고로 귀결된 박근혜 사태가 이 혼란, '왕정의 보수'와 '민주주의의 보수' 간의 뒤섞임과 헷갈림을 깨끗하게 해결해 주기를 기도합니다.

신구약 성경에 끊임없이 "하나님은 높은 자를 내려뜨리고 낮은 자를 높이 들어올린다"는 예언과 기도들이 나오는 것은,[12] 하나님이 결코 어떤 개인과 집단들의 자기사랑을 다른 개인과 집단들의 자기사랑보다 특권적이고 우월한 것으로 승인(endorse)한 일이 없다는 것을 보여줍니다. 보수적인 사람들 중에는 가끔 심리적으로 민주주의의 반항적 기질보다 왕정과 독재의 위계질서에 더 마음이 끌리는 사람들이 있습니다. 그러나 이 분들은 자기가 민주주의에서 받는 혜택을 까먹고 자기 운명의 위험성을 망각하고 있을 가능성이 큽니다. 이 분들은 자기가 왕정 시대에 태어났더라면 왕이나 귀족으로 태어나 떵떵거리고 살았을 거라고 믿고 싶겠지만, 현실은 천만의 말씀, 그 사람들도 상놈이나 노비로 태어나서 온갖 고생을 타고났을 가능성이 훨씬 더 높습니다. 다른 사람이 자기사랑을 주장할 자유(自由)를 인정하는 것은 '이웃을 내 몸과 같이 사랑하라'는 이웃사랑의 기본이고, 다른 사람의 자기사랑에 나 자신의 자기사랑과 똑같은 자격을 인정하는 것도 "무엇이든지 남에게 대접을 받고자 하는 대로 너희도 남을 대접하라"는 율법과 선지자의 대원칙, 예수님의 황금률과 같습니다.[13]

'나 자신이 나의 자기사랑을 부당한 제한 없이 추구할 수 있는 자유를 가져야 한다'는 것은 우리 인생의 간절한 요구이며, '나의 자기사랑이 다른 사람의 자기사랑보다 열등한 것으로 무시되지 않아야 한다'는 것 또한 우리 인생의 존엄한 요청입니다. 그러므로 「각 개인과 각 집단이 자기사랑의 자유와 평등을 인정받고 ("자유롭게 자신을 사랑하고"), 각 사람과 집단이 다른 개인과 다른 집단의 자기사랑의 자유와 평등을 존중하는 ("평등하게 이웃을 사랑하는")」 민주주의의 기본원리는 '네 이웃을 너 자신과 같이 사랑하라'는 예수님의 대계명에 부합하는 커다란 발전입니다. 여기에 대해서는 기본적으로 기독교인들 사이에서도 이견의 여지가 없을 것이라고 생각합니다.

그러므로 질서를 강조하는 정치적으로 보수적인 기독교는 이웃사랑의 기본원칙인 '자기사랑의 자유와 평등'을 인정하고, 본질적으로 약간 혼란스러운 민주주의의 질서를 견디어내는 법을 배워야 합니다. 이것을 이해하지 못하고 질서만 강조하는 기독교는 질서의 이름으로 이웃의 자유와 평등을 미워하고 배척하는 '자기만 사랑하고 이웃을 증오하는 기독교'로 추락할 가능성이 큽니다. 정의를 강조하는 정치적으로 진보적인 기독교는 싸움의 대상인 '보수적인 사람들의 자기사랑'을 미워만 하지 말고, ⁽ᵘᵃ적으로⁾ 존중하거나 최소한 ⁽객관적으로⁾ 이해는 하려고 노력해야 합니다. 이것은 어렵습니다. 아마 그래서 예수님은 우리에게 "원수를 사랑하라⁽마태복음 5:44⁾"는 불가능한 도전을 하셨던 것이 아닌가 싶습니다. 원수와 사랑⁽공존⁾하는 것이 필요한 이유는 이 세상에서 보수적인 사람들의 자기사랑도 없어지지 않고 진보적인 사람들의 자기사랑도 없어지지 않을 것이기 때문입니다. '없어질 수 없는 것을 없애려고 하면' 세상은 지옥으로 바뀝니다. 인류의 역사가 이 사실을 증언합니다. 보수를 없애려던 공산주의가 이 실패를 낳았고, 진보를 없애려던 파시즘도 이 실패를 낳았습니다. 그러므로 '원수를 어떻게 미워하고, 원수를 어떻게 사랑하면서, 원수와 함께 살아갈 것인가?'라는 문제는 민주주의의 숙제이자, 민주주의의 커다란 미덕이기도 합니다.

2. '공적 이웃사랑'과 민주주의 – 세금과 복지제도를 통한 '공적 자기부인'

민주주의가 이웃사랑의 계명과 관련하여 중요한 의미를 가지는 또 하나의 요소가 있습니다. 그것은 이웃사랑에는 개인적이고 자발적인 기부와 자선을 통한 '사적⁽私的⁾ 이웃사랑'만 있는 것이 아니라, 집단적이고 강제적인 세금과 복지제도를 통한 '공적⁽公的⁾ 이웃사랑'도 있다는 것입니다. 더 괄목할만한 사실은 현대 민주주의 사회에서는 객관적으로 고아와 과부와 노인과 나그네들을 위한 이웃사랑에서 공적 이웃사랑이 차지하는 비중이 사적 이웃사랑이 차지하는 비중보다 훨씬 더 크다는 사실입니다. 정부의 공식 통계에 의하면 2014년 한국의 공적 복지예산은 106조원 정도였는데, 2014년 국세청에 신고된 사적 기부금의 총액은 약 12조원(개인 7조원, 기업 5조원)입니다. 이것은 세금을 통한 공적 이웃사랑의 금액이 자선을 통한 사적 이웃사랑의 금액보다 9배 내지 10배 가까이 더 크다는 것을 보여줍니다. 주관적으로 보면 강제로 뜯긴 세금은 남의 돈이나 마찬가지고 자발적으로 내 주머니에서 꺼낸 기부금이 더 가치 있는 이웃사랑의 실천이라고 생각할 수도 있겠으나, 객관적으로 본다면 강제로 뜯긴 세금이나 자발적으로 낸 기부금이나 필요한 이웃들을 도와준다는 실제적인 효과의 면에서는 아무 차이가 없습니다. 그리고 다른 방향에서 '사람의 주관적 의지가 매우 약하다'[14]는 점을 생각해 본다면, 자기 돈을 내기 싫은 사람도 강제적으로 이웃을 위한 지출을 하게 만드는 사회적 세금과 복지제도는 자기 돈을 내고 싶은 사람들만 임의(任意)적으로 참여하는 개인적 기부금과 자선 행위에 비해서 더 강력하고 효과적인 '자기부인(自己否認)'의 실천적 장치라고 평가될 수도 있습니다.

사적인 영역에서의 '자기사랑'과 '이웃사랑'과 '자기부인'은 계량적으로 환산하기가 쉽지 않습니다. 이건 아주 추상적이고 도덕적인 차원의 내면적인 문제로 느껴집니다. 그러나 공적인 영역에서의 자기사랑과 이웃사랑과 자기부인은 의외로 쉬운 수학적 산수로 계산될 수 있습니다. 내가 번 소득이 나와 가족의 '자기사랑'을 위한 금액이라면, 복지예산으로 낸 세금은 '이웃사랑'을 위한 금액이며, 나를 위해 쓰고 싶은 돈을 이웃사랑을 위해서 포기한 금액이 바로 '자기부인'의 크기인 것입니다. 세금이 커지면 자기사랑의 재원이 적어지고, 자기를 부인하는 괴로움과 긴장은 커집니다. 당위로는 누구나 이웃사랑을 더 많이 하고 싶겠으나, 현실로는 세금이 늘어나면 자기의 살림살이가 더 빠듯해 집니다. 욕심으로는 누구나 세금을 한 푼도 안내고 자기사랑을 위해서만 쓰고 싶겠지만, 세금이 없으면 세상이 멈추고 내가 힘들 때에는 아무도 나를 도와줄 수 없게 됩니다. 그렇다면 이 세금과 복지를 통한 이웃사랑의 크기와 내용을 누가 결정하는가? 왕정 시대에는 임금과 귀족들이 결정을 했고, 그 규모도 크지 않았습니다. 그러나 민주주의 시대에는 국민들과 정당들과 국회와 대통령이 선거와 입법으로 결정을 하고, 그 규모도 획기적으로 커졌습니다. 이것은 '공적 이웃사랑의 창출과 확대'을 통해서 민주주의가 이웃사랑의 실천에 크게 기여한 업적입니다.

결국 세상에서 '세금을 더 낼 것인가 세금을 줄일 것인가' 하는 보수와 진보 간의 정치적 논쟁은 성경에서 '네 이웃을 네 몸과 같이 사랑하라'는 예수님의 대계명 속에 들어있는 이웃사랑과 자기사랑 간의 긴장과 갈등이 가장 선명하게 현실화되는 곳입니다. 답은 어느 쪽으로도 쉽지 않습니다. 한국의 기독교는 이웃사랑의 실천을 설교하면서 목회자들의 세금 납부를 반대합니다. 하나님 사랑을 위한 것인지 자기사랑을 위한 것인지 이웃사랑을 위한 것인지 잘 따져보아야 합니다. 감세를 주장하는 정치적으로 보수적인 기독교인들은 가슴에 손을 얹고 내 마음 속의 이웃사랑과 자기부인의 크기를 물어보아야 하고, 증세를 일반적으로 지지하는 정치적으로 진보적인 기독교인들도 냉정한 머리로 우리들이 실제로 감당하고 용납할 수 있는 세금과 자기부인의 객관적 한계를 계산해 보아야 합니다. 이런 맥락에서 민주주의 사회에는 예수님이 가르쳐주신 '이웃사랑의 대계명'이 '자기사랑의 대원칙'에 따라 움직이는 우리들의 삶 속에서 어떻게 실현될 수 있는지에 대한 대규모의 실천적이고 논쟁적인 실험장이라는 신앙적 의미가 있습니다.

3. 인간의 세 가지 자기사랑 - '집단적 자기사랑'과 민주주의의 기본구조

가. 자기사랑 ⊃ 이웃사랑

인간의 삶에서 가장 크게 존재하고 작용하는 것은 '자기 자신에 대한 사랑' 즉 '자기사랑'입니다. 기독교적 논의에서 이 '자기사랑'이라는 말은 보통 개인의 이기심과 욕망 또는 탐욕과 연결되어 부정적인 이미지로 언급되곤 합니다. 그러나 '자기사랑'이라는 말은 '그냥' 인간 존재의 본질이자 생명의 속성이라고 보는 것이 더 정확할 것입니다. 자기의 존재를 긍정하고 그 생명의 존속과 전개를 위해서 육체적·정신적으로 노력하는 자기사랑은 사람에게 당연하고도 필요한 일입니다. 이것이 없다면 개인도 생존할 수가 없고, 가정도 유지가 안 되고, 사회와 국가도 침체하고, 인류는 멸종할 것입니다.

문제는 인간의 현실에서 사람이 살아가는 일이 힘들고 만만치가 않아서, 인간의 자기사랑은 항상 불안하고 초조하며, 부족을 느끼거나 과잉을 추구하면서, 방어적이고 공격적인 태도와 행동을 낳는다는 것입니다. 자기사랑과 자기사랑이 부딪치면 싸움이 나오고 폭력이 나오고 배척과 제거가 나오고 하니까, 자기사랑을 이기적이고 악한 것이라고 비판하게 되고, 자기사랑을 극복하는 자기부인(自己否認)과 이웃사랑을 이타적이고 선한 것이라고 권장하게 되는 것이지요.

그러나 사람의 이웃사랑 또한 '타인의 자기사랑에 대한 존중'이라는 자기사랑의 상대적인 개념인 이상, 인간의 이웃사랑만 정의롭고 인간의 자기사랑은 불의한 것이라는 도덕적 단순이분법은 논리적으로도 타당하지가 않습니다. 오히려 '자기사랑'이 없어지면 '이웃사랑'도 없어지고 모든 것이 그 기준을 잃고 의미가 없어질 수 있습니다. 그래서 이 글은 인간의 '자기사랑'을 출발점으로 해서 기독교의 인간관과 민주주의의 제도적 의미를 연관 지어 논의하려고 합니다.

나. '개인적' 자기사랑: 인생의 기본적 책임 – 민주주의의 생활적 기초

① 개인적 자기사랑의 절대적 책임

우리가 보통 생각하는 인간의 자기사랑은 '개인적인 차원'의 자기사랑입니다. 이것은 아주 강력한 객관적 근거를 가지고 있습니다. 세상에 내가 내 인생 전부를 의지하고 의탁할 사람은 한 사람도 없고, 나도 다른 사람의 인생을 받아주거나 책임질 능력은 없고, 그러니 각자 자기 인생은 자기 힘으로 살아야 한다는 인생의 절대원칙입니다. 이것 때문에 인간의 실존은 고독하고 외롭고 쓸쓸합니다.

단 하나의 '일반적인 예외'가 있다면, 부모와 부부와 자식으로 이어지는 가족 간의 사랑입니다. 일반적으로 부모는 자식을 위해서 죽을 수 있다고 생각을 하지요. 자식은 부모를 위해서 희생을 하지는 않지만, 또 다시 자기의 자식을 위해서는 자기 인생을 희생합니다. 이 사랑은 위대하지요. 그러나 이것도 냉정하게 생각하면 생물학적 생명의 한계를 가진 인간의 본능적인 '자기사랑의 연장'이라고 보는 것이 더 정확할 것입니다. 그러므로 가족 간의 사랑은 '확대되고 연장된 자기사랑'이고, 개인의 연약한 자기사랑은 가족의 자기사랑으로 보호받지 못하면 살아남기가 어렵습니다. 부모의 자녀사랑은 거룩하고 결정적이지만, 자기를 부인하는 것이라기보다는 '생물학적으로 연장(延長)된 자아'를 사랑하는 '개인적 자기사랑'의 기본적인 보호막입니다. 부부 간, 남녀 간의 사랑은 보살피고 다투면서 고독한 실존을 위로하고 채워주는 '개인적 자기사랑'의 공간입니다. 그러므로 현실적으로 인간의 개인적 자기사랑이 움직이고 굴러가는 방식은 '가정을 단위로 한 자기사랑'으로 이해하는 것이 더 정확할 가능성이 큽니다. 일반적으로 보수가 강조하는 '가정의 가치'는 결국 '개인적 자기사랑'의 가치를 의미합니다.

　이 개인적인 자기사랑은 무엇보다도 자기와 가족의 생명유지를 위해서 먹고 사는 일, 즉 일용할 양식을 구하는 경제활동에 주로 매달리게 됩니다. 먹고 사는 일은 땅(土地)과 공장(工場)과 시장(市場)에서 이루어집니다. 농자천하지대본(農者天下之大本)이라는 땅의 시대에 개인적 자기사랑은 '내 땅이 있는가 없는가'에 따라 큰 영향을 받았습니다. 기계공장을 중심으로 한 공업시대의 개인적 자기사랑은 '기업의 사장인가 생산직 노동자인가 사무직 노동자인가'에 따라 삶의 조건들이 크게 달라 졌습니다. 그런데 이제 정보화와 세계화로 특징지어지는 '상공농사(商工農士)의 시대'에는 모든 사람의 개인적 자기사랑이 '시장에서 재화와 서비스와 정보와 사람의 능력을 사고파는 일'로 결정됩니다. 지금 이 시대에는 모든 사람이, 개인이나 기업이나, 큰 기업이나 작은 기업이나, 가난한 사람이나 부자나, 자기 자신이나 자기에게서 나온 것들을 팔지 못하면, 곧 망합니다. 망하지 않으려면 계속 뭔가를 팔아야 합니다. 이래서 물질적으로 가장 풍부한 현대 정보사회의 개인적 자기사랑은 그 이전의 어느 시대보다도 더 불안하고 아주 초조하고 매우 쪼들리는 처지에 놓여 있습니다.

국가와 사회가 모든 사람에게 이 불안한 개인적 자기사랑을 만족시켜 줄 수 있는가? 그것은 불가능하지요. 우리는 모두 이 사실을 압니다. 이러니까 대부분의 사람들은 대부분의 시기에 "정치가 밥 먹여주느냐? 민주주의가 밥 먹여주느냐?"라고 하면서 자기 앞의 인생에 매달리게 됩니다. 민주주의에 관심이 없는 정치적 무관심층과 비정치적인 기독교인들, 정치경제적 현상유지(status quo)를 원하는 안정추구적인 정치적 보수주의와 보수적인 기독교인들의 태도는 이러한 개인적 자기사랑의 견고함과 밀접한 연관을 가집니다. 세상의 현실에 불만을 가지고 현상의 변화를 희망하는 정치적 진보주의를 가진 사람들도 일단은 개인적으로 일하고 먹고 사는 현실을 추구하지 않으면 안 됩니다. 그러므로 모든 사람은 한결같이, 주어진 세상의 틀 속에 개인적으로 적응하고 그 세상의 룰(rule) 속에서 개인적으로 일자리를 얻고 일을 하고 돈을 벌어서 가족 단위로 먹고 입고 쓰면서 살아가는 '해석론(解釋論)적 인생'을 살아가야 합니다. 자기가 자기를 사랑하지 않으면 누군가가 그 사람을 대신 사랑해 주어야 하는데, 현실적으로 이것은 쉽지가 않습니다. 그래서 개인적 자기사랑은 모든 사람의 자기 인생에 대한 기본적인 책임이기도 합니다.

② 개인적 자기사랑에 대한 국가의 보호의무

민주주의 국가의 국민에 대한 책임이라고 하는 '개인의 자유와 생명과 재산과 안전의 보장'은 바로 이 '개인적 자기사랑'의 보호를 의미하므로, 민주주의는 개인적 자기사랑의 유지와 존속을 떠나서 이해할 수 없습니다. 그리고 왕정과 독재사회에서는 권력의 자의적 공격으로부터 국민 개개인의 자유와 생명과 재산의 안전이 보장되지 않았으므로, 개인적 자기사랑의 보호는 민주주의 혁명의 가장 기본적인 내용이기도 합니다. 2016년 말 이후 대한민국의 박근혜 사태에서 세월호 사건이 가장 중심적인 문제 중의 하나로 나타나고 있는 것은 보수와 진보의 구분을 떠나서 민주주의 사회의 선출된 국가권력이 국민 개개인의 생명과 안전을 보호할 의무를 저버렸다는 것이고, 여기에서 더 악(惡)한 것은 이 국가권력이 자신의 무책임과 실패를 덮기 위해서 희생자와 가족들을 보호하기는커녕 희생자와 가족들을 정치적으로 채색해서 가혹하게 공격했다는 사실입니다.

③ 개인적 자기사랑 ☞ 집단적 자기사랑

일반적으로 민주주의 사회에서 정치적 보수주의는 「자유롭게 '개인적 자기사랑'을 추구할 자유」를 (집합적으로) 추구합니다. 사회경제적으로 조금 더 여유가 있어서 '개인적 자기사랑'의 추구에 조금 더 자신이 있거나, 또는 거꾸로 현실적인 쪼들림이 심해서 '개인적 자기사랑'의 추구에 조금 더 매달리게 되는 경우들입니다. 계층적으로는 일반적으로 자본가나 기업주, 개별 사업을 하는 소상인, 소농민들에게서, 강약의 차이를 가지고 보수적인 성향들이 나타나게 됩니다. 일반적으로 민주주의 사회에서 정치적 진보주의는 「평등하게 '개인적 자기사랑'을 실현할 권리」를 집단적으로 추구합니다. 사회경제적으로 조금 더 불리한 지위에 있어서 '개인적 자기사랑'의 추구에 객관적 제약이 있는 경우, 개인적인 노력으로 자기 삶의 이익과 복리를 증진시킬 수 있는 가능성보다 집단적인 노력으로 자기 삶의 이익과 복리를 증진시킬 수 있는 가능성이 더 큰 경우들입니다. 계층적으로는 일반적으로 집단적으로 조직된 노동자와 광범위한 서민층이 이 범주에 들어갑니다. 보통 사회적 중간층은 그 상대적 위치로 인하여 보수와 진보의 두 가지 성향을 다 가지게 됩니다. 진보에게 '집단적 자기사랑'은 '개인적 자기사랑'과 밀접하게 연결된 '집단으로 확대된 자기사랑'을 추구하는 목적(目的)적 성격이 강하다면, 보수에게 '집단적 자기사랑'은 집합적으로 '각자의 개인적 자기사랑'을 추구하기 위한 수단(手段)적 성격이 강합니다. 그러므로 '개인적 자기사랑'의 추구는 민주주의 내부에서 보수와 진보가 대립하고 갈등하는 기본원인으로 되는 '민주주의의 생활적 기초'를 구성합니다.

개인적 자기사랑의 생활적 조건이 변화한 것이 21세기 초반 보수와 진보의 정체성 혼란, 즉 반란을 추구하는 보수의 폭주와 현상유지를 희망하는 진보의 방황으로 나타나고 있습니다. 논란의 여지가 있겠으나, 가장 큰 원인은 서비스산업과 정보산업과 세계화 등으로 인한 산업노동계급의 약화 내지 해체가 아닌가 생각됩니다. 그 결과 정치적 진보는 지지자들의 '개인적 자기사랑'을 '집단적 자기사랑'과 일치시키는 것에 객관적인 어려움을 겪게 되었고,[15] 정치적 보수는 집단성을 잃고 개인화된 '좌절된 욕망'들이 개인적으로 '성공한 욕망'과 결합하여 '벌거벗은 욕망의 공격적 추구'를 향해 질주하는 트럼프 현상을 맞게 된 것입니다.

1990년대 이후 역사적 수명을 다한 소련과 동구권의 공산주의 제도는 '집단적 자기사랑'을 절대화하고 '개인적 자기사랑'을 부정한 것에 그 실패의 원인이 있었습니다. 없앨 수 있다고 생각한 개인적 자기사랑이 위에서는 권력으로 타락하고, 아래에서는 욕망으로 분출해서 체제가 하루아침에 모래성 처럼 무너졌습니다. 절반 정도 자본주의로 전향해서 살아남은 중국의 공산주의는 사실상 '국가의 집단적 자기사랑'과 '국민의 개인적 자기사랑'이 서로를 부추기고 서로를 이용하는 국가주의적 자본주의 발전단계에 있는 것으로 보이지만, 앞으로 필연적으로 다가올 수밖에 없는 시민적 민주주의의 도전에는 어떻게 대응할 수 있을지 미지수입니다. 공산주의와의 체제대립 속에서 '개인적 자기사랑'과 '집단적 자기사랑' 간의 긴장을 유지하면서 양자의 적절한 타협 내지 혼합으로 체제경쟁에서 승리했던 자본주의는, 막상 공산주의의 몰락 이후 너무 약해진 '집단적 자기사랑'과 너무 강해진 '개인적 자기사랑' 간의 불균형으로 인해서 경제생활의 균형은 물론 정치적 민주주의의 틀 자체에도 위협을 겪고 있습니다.

질서를 강조하는 정치적으로 보수적인 기독교는 대체로 '개인적 자기사랑'의 추구와 보호에 집중하고, 자유로운 '개인적 자기사랑' 간의 경쟁을 지지하는 자본주의적 경제질서를 옹호하며, 반공주의의 이름 하에 사회적 약자의 집단적 자기사랑과 연관된 진보적 이념이나 어젠다에 상당한 적대감을 보이는 경우가 많습니다. 공산주의의 반기독교성은 명백하지만, 자본주의의 친기독교성 또한 의문의 대상입니다. '돈(자본)이 주인'이라는 자본주의는 "하나님과 돈(재물)을 함께 섬기지 말라"는 예수님의 명령(마태복음 6:24)과 "돈을 사랑함이 일만 악의 근원"이라는 바울 사도의 경고(디모데전서 6:10)에 정면으로 부딪칩니다. 정치적으로 보수적인 기독교가 질서와 (이미 거의 사멸한 공산주의를 반대하는) 반공의 이름으로 자본주의의 개인적 자기사랑에 대한 예수님의 경고와 사회적 약자를 위한 '집단적 이웃사랑'의 긍휼을 잃어버리면, 단지 '정치적 보수주의'일 뿐, 더 이상 (정치적으로 보수적인) '기독교'는 아니게 될 가능성이 큽니다. 그러므로 정치적으로 보수적인 기독교는 보수적 어젠다를 하나님보다 사랑하는 '개인적인 자기사랑의 종교'가 될 위험성을 항상 경계하고 수시로 회개해야 합니다.

정의를 강조하는 정치적으로 진보적인 기독교에는 사회적 약자의 '집단적 자기사랑'을 옹호하는 기독교적 긍휼의 장점이 있으나, 모든 사람들의 삶을 규정하는 '개인적 자기사랑'의 위력을 경시하거나 외면하거나 잘 모른다는 현실적 단점이 있습니다. 정치적 진보주의가 보수적인 개인적 자기사랑의 강력한 생활력을 인식하지 못하면 정치적 싸움에서 패배할 가능성이 높고, 진보적인 사람들에게도 개인적인 자기사랑의 모티브가 역시나 강하다는 것을 망각하면 진보의 슬로건이 자기 발아래에서 무너지는 배반을 겪을 수 있으며, 진보적인 지도자들에게도 개인적 자기사랑의 뿌리가 남아있다는 것을 무시하면 지도자의 실족이 곧 운동의 좌절로 되는 실패를 경험할 수 있습니다. 그러므로 정치적으로 진보적인 기독교에는 보수적인 자기사랑의 악과 열심히 싸우면서도 진보적인 자기사랑의 악과 한계도 정확히 바라보는 신앙적이고도 현실적인 철저함이 필요합니다.

다. '집단적' 자기사랑: 인생의 기본적 상황 – 민주주의와 인간의 조건

이처럼 사람의 자기사랑에는 개인적인 차원의 자기사랑만 있는 것이 아니라, 집단적인 차원으로 추구되고 실현되는 집단적 자기사랑도 있습니다. 그리고 개인적 자기사랑과 집단적인 자기사랑의 관계에는, 위에서 본 바와 같이 개인적인 자기사랑의 이해관계가 모여서 집단적으로 전개되는 상향적 방향도 있지만, 집단적 자기사랑의 조건이 거꾸로 개인적 자기사랑의 운명을 결정짓는 조건이 되는 하향적 방향도 있습니다. 즉 개인적 자기사랑이 '인생의 기본적 활동'을 구성한다면, 집단적 자기사랑은 '인생의 기본적 조건'을 형성하는 것입니다.

한 민족공동체가 주권을 잃고 식민지가 되면, 그 공동체의 집단적 자기사랑도 부인을 당하지만, 그 속의 개인적 자기사랑도 결정적인 제약을 받습니다. 이 사실을 우리 민족은 일제 식민지 36년 동안 뼈저린 모욕과 함께 처절한 고통으로 경험한 바 있습니다. 신분이 고정된 왕정 사회의 법은 '왕후장상(王侯將相)에 씨가 따로 있다'는 것이어서, 사람은 자기의 신분적 분수를 알고, 그 이상의 욕심이나 원망을 갖지 말아야만 안전하게 고종명(告終命), 곧 제 목숨을 다 살고 죽을 수 있었습니다. 미국 노예제도 하의 흑인들은 아예 인간(human)으로서의 법적 인격 자체를 인정받지 못하고 움직이는 동물이나 물건처럼 취급되기까지 했습니다. '집단적으로 제약당한' 사람의 개인적 자기사랑은 원칙적으로 집단적 존엄성과 자유를 회복하려는 '집단적 자기사랑의 노력을 통해서' 그 개인의 존엄성과 자유를 다시 찾을 수 있습니다. 그래서 사람이 국가적 독립과 민족적 해방과 시민적 자유를 위해서 싸우는 것은 기실 '자기를 부인하는 것'이 아니라 '자기를 사랑하는 것'입니다. 개인적인 자기를 잠깐 부인하여 집단적인 자기를 사랑하는 것이고, 집단적인 자기를 사랑하는 방법으로 결국 개인적인 자기를 사랑하는 것입니다. 일제 식민지 시대에 식민지 민족의 집단적 자기사랑에서 이탈해서 자기의 개인적 자기사랑만을 추구한 사람들을 우리는 '친일파'라고 합니다. 집단적 자기사랑과 개인적 자기사랑이 분열증을 일으킨 경우입니다. 이 사람들의 '분열적(分裂的) 자기사랑'은 오늘도 그들의 후손들 일부에게 유전병(遺傳病)으로 살아남아서, 친일파가 뭐가 문제냐고 온 나라를 상대로 '그들에게만 올바른' 국정 역사교과서 소동을 벌였습니다.

민주주의 사회에서는 개인적인 자기사랑과 집단적인 자기사랑이 서로 붙었다가 떨어졌다가 합니다. 개인적인 자기사랑을 집단적인 자기사랑이 모두 책임지지는 않지만, 집단적인 자기사랑이 무너지면 개인적 자기사랑도 붕괴의 위험에 처합니다. 우리는 1990대 말 한국이 IMF 경제위기에 처했을 때, 수많은 개인들이 직장을 잃었던 것을 기억합니다. 2000년대에 한국이 IMF 경제위기를 졸업하고 회복해서 많은 사람들은 다시 살아갈 수 있게 되었지만, 한국의 일부 대기업들이 세계적으로 이름을 날린다고 해서 일반 시민들의 경제적 형편이 만족할 만하게 나아지지는 않습니다. 개인적 자기사랑과 집단적 자기사랑이 연결되어 있는 것과, 분리되어 있는 것과, 둘 사이의 긍정적인 상호작용과, 둘 사이의 부정적인 상호작용을 우리는 다 알아야 합니다. 우리가 둘 사이의 관계를 잘 분별하면 민주주의의 성공적인 열매들을 따먹을 수 있고, 우리가 둘 사이의 관계를 혼동하게 되면 민주주의의 열매가 썩어서 땅에 떨어지는 것을 목격하게 됩니다.

라. 두 개의 집단적 자기사랑: '국가적 자기사랑' 속의 '계층적 자기사랑' ☞ 시민적 민주주의의 기본요소

사람의 집단적 자기사랑은 다시 두 개로 나뉘어 서로 경쟁하고 자기를 주장하면서 사람들을 헷갈리게 합니다. 그 하나는 공동체 내부(內部)에서 부분적인 이익과 대립적인 정의를 주장하는 당파적이고 계

층적인 집단적 자기사랑이고, 다른 하나는 공동체 외부(外部)에 대하여
공동체 전체의 생존과 안전을 주장하는 국가적이고 민족적인 집단적
자기사랑입니다. 아래 그림은 논의를 위하여 개인적 자기사랑과 국가
적/민족적 자기사랑, 그리고 당파적/계층적 자기사랑의 기본적인 관
계를 도해(圖解)해 본 것입니다.

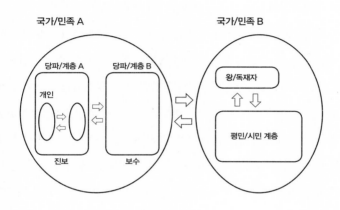

① 국가적이고 민족적인 자기사랑

역사적으로 더 익숙하고 오래된 것은 국가, 민족, 부족, 지역 등 여
러 가지 모습으로 나타나는 공동체와 공동체 간의 외부적 대립입니다.
그림에서 두 개의 큰 원으로 나타나는 국가/민족 A와 국가/민족 B 간
의 대립입니다. 이웃 공동체 간에 서로 잘 지냈으면 좋겠지만, 일단 싸
움이 났다 하면, 이긴 공동체가 진 공동체의 구성원 전부를 죽이거나
노예로 삼는 것이 인류 역사의 오랜 전통이었습니다. 국가적/민족적
공동체 단위 간의 싸움의 결과는 치명적이어서, 상대방 집단의 구성원

을 수만 명이든 수십만 명이든 수백만 명이든 양심의 가책도 없이 계속 살상하는 전쟁의 형태로 나타납니다. 공동체의 자기사랑과 공동체의 자기사랑 간에 싸움이 날 때 개인적 자기사랑의 생존과 소멸은 국가적/민족적 형태의 집단적 자기사랑의 운명에 전적으로 의존하게 되고, 결국 개인적인 자기사랑은 국가적/민족적 자기사랑에 맥없이 흡수되어 버리고 맙니다.

국가적이고 민족적인 자기사랑은 많은 경우에 사람들에게 종교에 준하는 초월적 열정과 충성을 요구하거나 강요합니다. 나라 간에 전쟁이 난 전쟁터에서 개인의 운명은, 솔직히 아무리 열심히 하나님께 기도를 한다고 해도 생명의 구원을 받는다는 보장이 없습니다. 이것은 당연히 종교에 대한 실망을 주기도 하고, 세상에 대한 절망으로 인해서 오히려 더 강한 종교적 열망을 불러일으키기도 합니다. 위험한 것은 이 국가적/민족적 자기사랑이 종교적 외피와 결합하거나 그것을 압도하여 스스로 초월적이고 준초월적 지위를 주장하는 경우입니다. 이 경우 국가와 민족은 신격화되고 종교는 웃음거리가 됩니다. 히틀러를 예수와 동급으로 찬양한 독일의 '게르만 기독교인들(German Christians)'이나 한국의 극우집회에 항상 선봉으로 나서는 반공 기독교는 하나님 사랑보다 국가주의적 자기사랑을 더 사랑하는 것으로 보입니다.

민주주의 사회에서 국가적/민족적 자기사랑은 '국가안보와 국방'이라는 이름으로 주장되면서, 민주주의 사회 자체의 유지와 존속을 보호하는 순기능을 갖지만, 동시에 공동체적 생존을 위한 국가적 통합이라는 명목 하에 '공동체 내부의 문제점들과 집단들 사이의 이해대립을 주장하는 정치적 자유'를 배척하는 국가주의적 태도로 나타나는 경우가 많습니다. 이는 국가적/민족적 자기사랑이 민주주의와 마찰을 일으키는 역기능입니다. 그리고 국가적/민족적 자기사랑은 기본적으로 왕정 사회와 민주주의 사회 모두에 공통적으로 존재하는 것이어서, 그 성질상 민주주의와 왕정을 잘 구분하지 않거나, 구분을 못하거나, 구분하기를 싫어하는 경향도 있습니다. 이것이 국가/민족 공동체의 유지와 방어를 기능적으로 담당한다는 군부가 수많은 신생 민주국가에서 국가안보와 통합이라는 명목으로 쿠데타를 일으키고 민주주의 절차를 파괴하는 독재정권들을 탄생시켰던 역사적 경험들의 발생 이유를 부분적으로 설명해 줍니다.

② 당파적이고 계층적인 자기사랑의 발현−시민적 민주주의의 탄생

왕정과 독재는 '개인적 자기사랑'과 공동체 전체(全體)의 '국가적/민족적 자기사랑'의 두 가지 자기사랑만을 인정하고 세 번째 형태의 자기사랑, 즉 한 '공동체 내부(內部)의 대립되고 이질적인 당파적/계층적 자기사랑'의 존재를 인정하지 않습니다. 즉 국민은 통합되어야 하고, 국민이 분열되는 것은 용납할 수 없다는 것입니다. 위 도해에서 오른쪽에 있는 동심원의 국가/민족 B에 표시된 왕정/독재사회의 모습입니다.

민주주의의 가장 큰 특성은 '개인적 자기사랑'과 '공동체 전체의 국가적/민족적 자기사랑'의 두 가지 전통적 자기사랑에 더하여 세 번째

형태의 자기사랑, 즉 '한 공동체 내부(內部)의 대립되고 이질적인 당파적/계층적 자기사랑'이 존재한다는 것을 인정하고 존중하는 것입니다. 위 도해에서는 왼쪽에 있는 동심원의 국가/민족 A에 표시된 민주주의 사회의 모습입니다. 위 도해의 오른쪽 동심원에서 보듯이 평민/시민계급의 위에서 수직적으로 군림하던 왕정사회의 왕과 특권계급은 민주주의 사회에서 사라지거나 또는 위에서 아래로 내려와서 시민계층의 일원이 되어 그 옆에 수평적으로 대등한 위치로 서 있게 됩니다. 이 그림의 변화가 곧 1789년 프랑스대혁명 이후 200여 년 동안 전세계 대부분의 국가에서 진행되고 있는 시민적 민주주의 혁명의 본질입니다. 성경에서 근거를 찾아보면 구약에서 "여호와는… 가난한 자를 진토에서 일으키시며 빈궁한 자를 거름더미에서 올리사 귀족들과 함께 앉게 하시며 영광의 자리를 차지하게 하시는도다(사무엘상 2:7-8)"라는 사무엘의 어머니 한나의 기도와 신약에서 "그의 팔로 힘을 보이사 마음의 생각이 교만한 자들을 흩으셨고 권세 있는 자를 그 위(位)에서 내리치셨으며 비천한 자를 높이셨다(누가복음 1:51-52)"는 예수님의 어머니 마리아 기도가 현실에서 성취되는 모습이라고 볼 수 있습니다.

민주주의의 기본문제는 한 사회 내부의 대립되는 계층과 집단들의 이해관계를 어떻게 조절할 수 있는가 라는 점입니다. 보수와 진보의 대립, 자본주의와 공산주의의 문제, 극우와 극좌의 문제, 독재와 반독재의 문제들이 모두 이 당파적/계층적 자기사랑들 간의 대립과 연결되어 있습니다. 인간의 역사에서 당파적 자기사랑과 계급적 자기사랑은 서로 대립하고 충돌하면서 집단과 집단의 갈등과 적대감 및 상호간의 폭력과 공격성을 증폭시킵니다. 민주주의는 이러한 당파적이고 집단적 폭력과 악의 문제를 어떻게 이해하고 어떻게 감당할 수 있는가? 사람의 집단적 자기사랑이 낳는 폭력과 불의와 악에 관한 문제는 다음 항에서 '다른 사람을 죽이고 해치지 말라'는 제6계명을 민주주의의 필요성과 연결 지어서 해명해 보고자 합니다.

제3부

기독교와 민주주의 각론
인간의 현실과 민주주의의 필요성(必要性)
– 십계명의 인생계명들과 민주주의

1장. 인간의 자기사랑과 그 폭력성
– 제6계명과 정치적 민주주의

1. 살인하지 말라 + 욕하지 말라 = 다른 사람을 해치지 말라

(너무 쉬운 계명과 너무 어려운 계명)

성경에 나오는 사람의 첫 번째 죄는 아담과 이브가 하나님의 말씀을 안 듣고 선악을 알게 하는 나무의 열매를 따먹은 하나님에 대한 죄이고, 사람의 두 번째 죄는 아담과 이브의 아들인 카인이 형제인 아벨을 죽인 사람의 사람에 대한 살인의 죄입니다. 그리고 나서도 성경은 계속하여 사람이 사람을 죽이는 일들을 기록합니다. 카인의 후예 라멕은 자기가 사람과 소년을 죽인 것을 노래하며 자랑하고, 요셉의 형제들은 요셉을 죽이려다 노예로 팔아먹었으며, 하나님의 종 다윗왕은 자신의 간통죄를 숨기려 자기의 부하 우리야를 죽이고, 이스라엘 민족은 주변 민족과 수도 없이 죽고 죽이는 싸움을 하였으며 결국 앗시리아와 바벨론 제국에 의해서 멸망하면서 수많은 사람들이 죽었습니다. 그리고 신약성경의 핵심은 로마총독 빌라도와 헤롯대왕의 세속권력이 제사장들의 종교권력과 합작하여 사형수 예수를 죽인 십자가 사건입니다. 그러니 십계명이 "사람을 죽이지 말라"는 것을 사람과 사람 사이의 관계에 대한 핵심적 계명으로 선언하는 것은 당연하고도 자연스러운 일로 보입니다.

그런데 이 제6계명을 우리가 기독교인의 '개인적 삶'에 관한 계명으로 생각하고 적용하면, 우리의 구체적인 삶과는 조금 거리가 멀다는 느낌을 받게 됩니다. 2015년 우리나라 검찰에서 기소한 피의사건 기준으로 사람이 고의적으로 사람을 죽인 범죄는 살인죄 652건, 상해치사죄 80건, 강도살인죄 16건 등 합계 748건 정도입니다.[16] 대한민국의 전체인구 5,100만 명에 비교하면 이 범죄의 숫자는 몇 만 분의 일에 불과합니다.[17] 우리가 개인적으로 사적 인생을 살면서 다른 사람을 죽이는 일은 거의 없다는 얘기입니다. 그래서 살인하지 말라는 제6계명은 당연한 계명이고 우리가 범할 가능성이 거의 없는, 우리와 현실적으로는 거의 무관한, 지키기가 아주 쉬운 계명으로 느껴집니다.

그런데 제6계명과 관련하여 예수님은 마태복음의 산상설교에서 "옛사람에게 말한바 살인하지 말라 누구든지 살인하면 심판을 받게 되리라 하였다는 것을 너희가 들었으나 나는 너희에게 이르노니 형제에게 노하는 자마다 심판을 받게 되고 형제를 대하여 라가(바보)라 하는 자는 공회에 잡혀가게 되고 미련한 놈이라 하는 자는 지옥 불로 들어가게 되리라 (마태복음 5:21-22)"고 하여 살인하지 말라는 계명에 대한 새로운 확대해석을 제시하였습니다. 예수님이 수정한 제6계명은 우리에게 너-무 어렵습니다. 인간이 어떻게 다른 사람에게 노하지 않고 다른 사람을 바보라고, 쓸모없고 미련한 놈이라고 욕하지 않고 사는 것이 가능하겠습니까? 이것은 예수님의 산상수훈 설교 중 많은 내용이 그렇듯이 인간이 해내기 어려운 '미션 임파서블(Mission Impossible)'에 가깝습니다. 이렇게 구약의 제6계명은 실천적으로 너무 쉽고, 산상수훈의 예수님 버전 제6계명은 실천적으로 너무 어려우니, 그 사이에 끼인 우리는 대충 둘 다 편하게 생각하고 무시하며 살게 됩니다. 우리가 불성실하게 땡땡이치는 학생처럼 성경과 기독교를 대하면 이렇게 됩니다.

그러나 제6계명에 대한 신·구약 성경의 두 가지 설명을 진지하고 솔직하고 양심적으로 살펴보면, 타인에 대한 가장 강한 공격형태인 살인과 가장 약한 공격형태인 모욕, 가장 드문 공격인 살인과 가장 흔한 공격인 성내고 욕하는 일을 모두 포괄하는 두 버전의 설명은 우리가 살아가면서 타인의 삶(생명)을 해치게 되는 모든 갈등과 죄와 악과 폭력의 영역을 총체적으로 보여주고 있다는 점을 알 수 있습니다. 구약의 출애굽기 모세의 오리지널 버전에서 '사람을 죽이는 행동'은 다른 사람의 물리적 생명 자체를 없애는 전면적이고도 본질적인 침해를 의미하지요, 신약의 마태복음에 기록된 예수님의 업그레이드 버전에서 '형제에게 노하고, 형제를 바보라 미련한 놈이라고 비난하는 행동'은 내가 살아가는 인생의 길에서 어깨를 부딪쳐오는 수많은 사람들을 만날 때마다 그 다른 사람들의 인생을 밀어내고 공격하는 우리 삶의 다양한 행동과 그 행동의 동기들을 의미합니다. 타인을 죽이는 행동은 좁은 의미로 다른 사람의 생명활동 전체를 끊는 살인범죄 뿐만 아니라, 넓은 의미로 다른 사람의 생명활동을 부분적(部分的)으로 침해하는 모든 공격, 즉 타인의 경제적인 생활에 대한 침해, 정치적 생활에 대한 침해, 사회적 생활에 대한 침해 등 모든 종류의 생활적 침해와 공격행위를 포함합니다. 즉 경쟁이나 해고 등을 통해서 다른 사람의 경제적 생활을 제한하고 위험에 빠뜨리는 것, 내 삶의 기회와 내 삶의 영역이 흔들리는 것에 대한 불안과 분노 때문에 다른 사람의 인생과 지위와 명

예와 능력과 평판을 공격하고 타격을 주는 것, 때로는 나의 욕심과 악의로 다른 사람들을 공격하기도 하지만, 많은 경우에는 나의 생존을 위해서, 나와 경쟁하고 나를 공격하는 다른 사람들을 제치고 밀어내야 하는 우리 인생의 수많은 독살 맞고 애처로운 몸짓들이 모두 제6계명이 경고하는 바, 다른 사람의 생명의 전부 또는 일부를 해치는 행위에 포함됩니다. 따라서 제6계명에 대한 신·구약의 두 가지 설명, 즉 다른 사람을 '죽이지 말라'는 명령과 다른 사람을 '욕하지 말라'는 명령을 종합하면 "다른 사람을 해치지 말라"는 우리 삶 전체에 대한 하나님의 기본 명령이자 간절한 호소가 됩니다.

2. 사람이 다른 사람을 해치는 이유 – 인간의 자기사랑

그렇다면 "사람이 다른 사람을 해치게 되는 이유는 무엇인가?"라는 질문이 생깁니다. 이것은 '악'의 근원, 악의 기원이 무엇인가라는 질문과도 흡사합니다. 초자연적이고 영적인 사탄과 데몬의 악한 영향 때문에 사람이 다른 사람을 공격한다는 대답이 있습니다. 추상적으로 맞는 설명일 수 있고, 현실적으로 그렇게 느껴지는 경우도 있습니다. 그러면 악한 일을 하는 사람은 악한 영의 조종을 받는 꼭두각시에 불과한가? 라는 질문이 또 나옵니다. 그건 대부분의 경우 그렇지 않은 것 같습니다. 우리는 또 심리적으로 흠결이 있고 도덕적인 윤리의식이 결여된 일부 '나쁜 사람'들이 다른 사람을 공격하고 해친다고들 생각합니다. 경험적으로 대충 맞는 것 같기도 합니다. 우리 주변에는 항상 다른 사람을 괴롭히고 못되게 구는 유난히 나쁜 사람들이 간혹 존재합니다. 그러면 그런 나쁜 놈들 말고 나머지 사람들은 다른 사람들을 해치지 않는다는 말인가? 그러면 나와 너와 우리들은 살면서 다른 사람을 공격하고 해치는 일을 하지 않는다는 말인가? 라는 질문이 나옵니다. 이것도 그렇지는 않은 것 같습니다. 우리는 솔직히 양심적으로 그렇지 않다는 것을 압니다. 다음으로 우리는 사회의 불공평하고 부조리한 구조가 사람들의 삶을 망치고 힘들게 하는 사회구조적 악의 근원이라고 주장합니다. 이것은 상당히 맞는 말, 아니 거의 맞는 말로 느껴집니다. 그러나 여기에 대해서도 질문이 제기됩니다. 그 사회적 구조적 악을 만들고 누리는 책임은 누구에게 있는가? 나와 너와 우리에게는 그 사회적 구조적 악에 대해서 어떤 역할이나 책임이 없는가? 인간의 세상에 이런 사회적 구조적 악이 완전히 사라진 나라는 존재할 수 있는가? 어려운 문제들입니다. 그러나 민주주의 사회에서는 제도의 원리상 정치적 과정에 참여하는 모든 사람에게, 그 사회적 구조적 악으로 이익과 혜택을 누리고 있는 사람에게는 물론 그 사회적 구조적 악으로 손해와 고통을 받고 있는 사람에게도, 그 사회적 구조적 악의 생성 또는 그 존속에 대한 전부나 일부의 책임, 또 주도적이거나 참여적인 책임들이 존재합니다. 결국 영적으로, 도덕적으로, 사회구조적으로 사람들을 해치는 폭력과 악의 원인들이 있지만, 사람이 다른 사람들을 해치는 가장 큰 원인은 나와 너와 우리들 모두의 자신 속에 있다고 생각합니다. 그것은 살아있는 한 우리가 벗어날 수 없는 불쌍하고 힘겨운 '인간의 자기사랑'입니다.

3. 인간의 세 가지 자기사랑 – 세상의 세 가지 폭력과 악

사람의 자기사랑은 자기의 개인적, 집단적인 생존과 안전을 추구합니다. 자기사랑이 위험에 빠지면 방어적으로, 자기사랑이 욕심을 내면 공격적으로, 사람들은 다른 사람과 다투고 다른 사람에게 해침을 받거나 다른 사람을 해칩니다. 다른 사람과의 싸움, 다른 사람들을 해치는 공격행위는 개인적인 차원에서도 이루어지고, 집단적 차원에서도 이루어집니다. 이 자기사랑 간의 충돌이 사람의 악과 불의와 폭력을 분출시킵니다. 개인적인 자기사랑의 충돌은 개인적으로 다른 사람을 해치고 다른 사람의 생명 중 일부 또는 전부를 죽이며, 집단적/계층적 자기사랑의 충돌은 한 계층이 뭉쳐 다른 계층을 욕하고 공격하고 미워하고 배제하고 모욕하고 다른 집단으로부터 정치적 또는 경제적 권력을 빼앗아 오려고 하며, 국가적/민족적 자기사랑의 충돌은 다른 국가, 민족이나 다른 공동체의 구성원을 적대시하고 전쟁을 일으키고 서로 죽이면서 그것을 애국심이라고 찬양합니다.

인간의 세 가지 자기사랑은 세상의 세 가지 폭력과 악을 만들어내는데, 각각 그 성질에 따라 발현되는 모습과 폭력의 강도에 상당히 다른 특성들이 나타납니다.

가. 개인적 자기사랑의 폭력과 악–생존을 위한 개인적 경쟁과 싸움

개인적 자기사랑과 개인적 자기사랑의 충돌은 사람이 다른 사람을 일상적으로 해치는 행위로서 우리들의 사적이고 개인적인 생활 속에 가득합니다. 학교에서, 취직과정에서, 직장생활에서, 시장의 경쟁에서, 사회적 활동에서, 경제적으로, 정치적으로, 일상적으로, 사람들은 끝없이 경쟁하고 서로 대립하면서 위태롭고 불안하게 살아갑니다. 개인과 개인 간의 사적 관계는 이익과 이익이 서로 원만히 조화를 이루는 경우보다는 이익과 이익이 서로 부딪치고 서로 대립되고 서로 억울해 하는 경우가 더 많습니다. 경쟁사회에서 내 옆에 있는 사람은 나의 이웃이 아니고 적이 됩니다. 궁지에 몰리면 우리는 무엇이 선이고 무엇이 악인지 잘 알기도 어렵고, 아예 따져보기조차 싫어집니다. 그래서 우리는 우리의 인생에서 수많은 악을 행하면서 살아갑니다. 살아가는 인생이 길어질수록 우리가 이미 행했고 지금 행하고 있으며 앞으로 행하게 되는 크고 작은 폭력과 악은 계속 무겁게 쌓여갑니다. 악한 사람도 악을 행하고, 착한 사람도 악을 행합니다. 나와 너와 우리들과 그들 모두 가운데 이 세상에서 악을 저지르지 않는 사람은 단 한 사람도 없습니다.[18]

개인적인 자기사랑과 개인적인 자기사랑이 부딪칠 때, 우리는 다른 사람(형제)에게 '노(怒)하게' 되고, 인생의 경쟁자들을 '라가(raca)', 즉 쓸데없는 놈'이라고 비난해서 무너뜨리고, 내 길을 방해하거나 내 일을 망치는 사람들을 '바보요 미련한 놈'이라고 욕해서 우리의 인생길 바깥으로 밀어내려고 합니다. 이것이 산상수훈에서 다른 사람에게 성내지 말고 다른 사람을 바보라고 욕하지 말라 경계하신 예수님의 제6계명입니다. 힘이 별로 없는 개인들은 주로 말로(욕으로) 사람을 죽이고, (경제적이거나 사회적으로) 힘이 조금 있는 사람들은 그 힘(인사권과 결정권)으로 사람을 죽이지만, 개인들은 대부분의 경우 칼이나 총으로 사람을 죽일 정도의 힘은 없습니다. '힘의 강약(强弱)'으로 볼 때 힘이 약한 아래 사람이 힘이 강한 위 사람에게 노하고 욕해봐야 보통 강자에게 큰 피해는 주지 못하고, 힘이 대등한 사람들끼리 욕하고 싸우는 것은 피해와 가해가 대등하게 어슷비슷하다면, 힘이 강한 위 사람이 힘이 약한 아래 사람에게 노하고 성내고 욕을 하는 경우에 약자가 받는 직업적이고 생활적인 피해는 보통 치명적입니다. 이래서 어느 분야이든지 보통 더 높이 올라가고 성공하고 힘이 센 사람의 개인적 자기사랑은 훨씬 강력하고 더 위험하고 더 포악합니다. 이것이 우리가 세상에서의 성공과 얻은 권세를 그냥 행복하고 즐겁고 기쁘고 아름답게 느낄 수 없는 이유입니다.

나. 당파적/계층적 자기사랑의 폭력과 악 – 상대 집단에 대한 제거 의 욕망

이것은 한 사회 내부에서 집단과 집단, 계층과 계층, 당파와 당파 간에 집단적 자기사랑의 충돌이 벌어지는 상황입니다. 개인적 자기사랑의 충돌시보다 이 집단적 자기사랑의 충돌이 훨씬 더 격렬합니다. 개인적 자기사랑과 개인적 자기사랑이 충돌할 때에 직접 사람을 죽이는 살인행위까지 벌어지기는 힘이 듭니다. 한 개인에게는 힘이 적고, 개인적인 살인행위는 공적 사법절차로 엄벌을 받는 것이 무섭기 때문입니다. 그런데, 한 사회 안에서 집단과 집단, 계층과 계층의 자기사랑이 부딪칠 때에는 그 충돌이 훨씬 더 폭력적이고 공격적이며, 금방 생명과 자유를 침해하는 살상행위로 넘어갑니다. 집단적 자기사랑의 폭력성은 개인적인 자기사랑의 폭력성이 양적으로도 집적되고 질적으로도 농축되어 훨씬 커다란 힘으로 증폭되기 때문입니다. 그리고 개인 간의 살상행위는 비교적 잘 통제할 능력을 가진 공적 권력이 당파적 폭력 간의 충돌에는 무력하거나, 또는 공적 권력 그 자체가 스스로 당파적 폭력의 도구로 되어 직접 살상행위에 나서기 때문입니다. 개인이 살인을 하면 지상(地上)의 권력이 심판을 하지만, 권력이 살인을 하면 지상에서 심판권자가 나타나기는 아주 어렵습니다.

당파적/계층적 집단적 자기사랑의 충돌이 외면적으로 낳는 폭력과 악의 결과는 '살상과 투옥과 정치적 탄압'이지만, 당파적/계층적 자기사랑이 내면적으로 가지는 폭력과 악의 동기(動機)는 '다른 당파적/계층적 집단의 존재와 그 당파적 이익과 목적에 대한 부정(否定)과 상대 집단을 제거하려는 욕망', 즉 '자기 당파와 계층의 이익에 대한 자기사랑의 과잉(過剩)'입니다. 당파적 집단의 자기사랑이 다른 집단의 자기사랑을 죽이는 것에는 여러 가지 모습이 있습니다. 당파적인 집단적 폭력의 제거욕구는 첫째, 다른 집단의 '물리적 생명(生命)'을 제거하는 내전과 살인으로, 둘째 다른 집단의 '정치적 존재(存在)'를 제거하는 체포와 투옥의 물리적 탄압으로, 셋째 매카시즘처럼 다른 집단의 '정치적 인식'을 이념적으로 심판하고 소멸시키려는 '정치적 선악과(善惡果)의 오용과 남용'으로 나타납니다. 이 세 가지의 공통점은 다 상대 집단을 없애고 싶어 하는 것입니다.

당파적 폭력의 살상행위는 멀리 갈 것도 없이 우리나라의 근현대 역사에서 비극적으로 살펴볼 수 있습니다. 조선 말기 1894년 동학농민운동의 농민 희생자 숫자는 30~40만 명이라고 합니다. 당시 인구의 30분의 1 쯤 됩니다. 1950년부터 3년 동안 우리 민족 내부의 공산주의 진영과 자본주의 진영이 이념적 내전을 벌인 한국전쟁에서 죽거나 실종된 사람은 남한만 약 84만 명(군인 사망·실종자 약 17만 명, 민간인 사망·실종자 약 67만 명),19 남북한을 합하면 적어도 150만 명 내지 200만 명 이상이라고 합니다. 당시 남북한 총인구의 10분의 1 쯤 됩니다. 그리고 이후 민주화를 둘러싼 독재정권과 시민계층의 싸움에서도 1960년 4월 혁명 당시와 1980년 5월의 광주민주화운동에서 각각 이백 명 정도의 시민들이 독재정부의 공격으로 목숨을 잃었고 수천 명이 투옥되었습니다. 이런 집단적 충돌의 폭력과 살상은 개인적 삶의 참혹하고도 비극적인 인간조건을 형성합니다. 그래서 개인과 개인 간의 충돌 시에는 예수님이 가르치신 '성내고 욕하지 말라'는 산상수훈의 제6계명이 더 현실적인 적실성이 있지만, 집단과 집단의 충돌 시에는 '사람을 죽이지 말라'는 시내산의 제6계명이 더 절실하게 요구됩니다. 그래서 저는 제6계명의 '살인하지 말라'는 명령은 인간의 '개인적 자기사랑에 대한 개인적 계명'이라기보다도, 사람들의 '집단적 자기사랑에 대한 집단적 계명'으로 이해해야 한다고 감히 주장합니다.

그렇다고 해서 한 사회 내부에서 집단과 집단의 충돌은 폭력을 낳으므로 모두 나쁘고, 그러니까 우리는 계층적 대립을 회피하고 평화를 추구하여야 한다고만 주장하는 것은 뭔가 곤란하거나, 왠지 찝찝하거나, 조금 이상한 냄새가 풍기기도 합니다. 너무 싸우는 것은 불안하고 위험하지만, 그렇다고 그냥 아무 것에도 어떤 일에도 싸우지 말고 누구와도 사이좋게 가만히 지내자고 얘기하기는, 너무 답답하고 뭔가 억울하고 그렇게 되면 누군가 또 뒤에 숨어서 부당하고 불의하게 즐거워할 사람들이 있을 것 같기 때문입니다. 그래서 우리는 안이하게 아무것도 할 수 없는 양비론(兩非論)에 빠질 것이 아니라, 집단과 집단의 충돌 양상을 과학적으로 면밀하게 살펴볼 필요가 있습니다. 한 사회 내부의 집단적 대립에는 방향(方向)적으로 두 가지의 모습이 있습니다. 하나는 상층 특권 계층과 하층 시민/평민 계층 간의 '수직적' 대립과 그에 수반하는 공격과 폭력이고, 다른 하나는 대등하게 대립하는 계층 간의 '수평적(水平的)' 대립과 그에 수반하는 공격과 폭력입니다.

· 수직적 대립
 ─ 탄압(아래로): 조선왕조, 일제식민지권력, 군부독재권력
 ─ 시민혁명(위로): 동학농민운동, 4.19 혁명, 광주민주화운동, 유월항쟁
· 수평적 대립
 ─ 내전/전쟁(옆으로): 6·25 한국전쟁:공산주의 진영과 자본주의 진영
 ─ 정치적 대립(옆으로): 보수와 진보, 우파와 좌파, 선거와 정권교체

　수직적인 '계층 간 대립'에서는 위에 있는 계층의 자기사랑과 아래에 있는 계층의 자기사랑 간에 특권의 유무라는 차별성이 있으므로, '그 차별성을 없애려는 싸움'의 악과 '그 차별성을 유지하려는 싸움'의 악 사이에는 큰 차이가 있습니다. 수평적인 '계층 간 대립'에 있어서는

기본적으로 대립하는 집단적 자기사랑 간에 수평적 대등성이 존재하는데, 여기에서도 상대 집단을 '내전으로 제거'하려는 무제한적인 적대감의 악과 '선거로 제압'하려는 제한적인 적대감의 악 사이에는 큰 차이가 있습니다. 한 사회의 내부에서 민주주의 혁명(革命)은 '수직적 대립을 폐지해서' 이 집단적/계층적 자기사랑의 실체적 악(특권적 차별성)을 줄이는 일과 관련이 있고, 민주주의 절차(節次)는 '수평적 대립을 유지해서' 집단적/계층적 자기사랑의 충돌과정에서 나오는 폭력성의 악을 줄이는 일과 관련이 있습니다.

다. 국가적/민족적 자기사랑의 폭력과 악 – 국가 간의 충돌과 전쟁

'살인하지 말라'는 제6계명이 가장 절실하게 필요한 곳, 하지만 또한 '살인하지 말라'는 제6계명이 가장 무력(無力)하게 나타나는 곳이 국가적인 자기사랑과 민족적인 자기사랑들이 충돌하는 곳입니다. 개인적인 자기사랑과 개인적인 자기사랑은 서로 충돌해도 타인의 인생을 부분적으로 침해할 뿐, 타인의 생명 자체를 없애는 것으로까지는 잘 나가지 못하는데, 국가적이고 민족적인 공동체들의 자기사랑이 충돌하는 경우에는, 어지간하면 '그냥' 타 집단의 구성원을 마구 죽이고, 다른 공동체의 사람을 죽이는 것에 대해서 일말의 양심의 가책도 잘 안 느끼고, 나아가 다른 사람을 죽이는 행위를 애국적이고 영웅적인 것으로 존경하고 찬양하기까지 합니다. 국가나 민족이나 부족이나 지역적 공동체 단위 간의 싸움의 결과는 치명적이어서, 상대방 집단의 구성원을 수만 명이든 수십만 명이든 수백만 명이든 양심의 가책도 없이 계속 살상하는 전쟁의 형태로 나타납니다.

국가 간의 충돌로 전쟁이 벌어진 맹목적 증오심의 전쟁터에서 개인의 운명은, 아무리 열심히 적군을 윤리적, 도덕적으로 설득한다고 해도, 아무리 열심히 신에게 기도를 한다고 해도, 아무리 열심히 정치적 정의를 토론한다고 해도, 단 한 사람의 생명의 구원도 받는다는 보장이 없습니다. 그러니까 국가적/민족적 차원의 집단적 자기사랑이 충돌할 때에는, 종교도, 도덕도, 윤리도, 법도, 선과 악의 기준을 제공하지 못합니다. 동물의 왕국처럼 싸워서 이기고 상대방을 죽이고 내가 사는 것이 게임의 법칙처럼 됩니다. 국가적/민족적 자기사랑의 폭력성이 종교적 외피와 결합하거나 그것을 압도하여, 국민에게 국가에 대한 초월적이고 준초월적 숭배를 요구하는 경우에는 요한계시록 13장의 짐승 권세와 같은 극단적인 악을 만들어내기도 합니다. 히틀러를 예수와 동급으로 찬양한 독일의 나치즘과 그에 적극적, 소극적으로 참여한 독일인들은 아리안 민족의 민족적 우월성을 위해서 국가의 적으로 몰아부친 유대인들을 수백만 명이나 학살했습니다.

다른 국가/민족 공동체를 침범하고 복속시켜서 자기 국가와 민족의 자기사랑을 확장하려는 제국주의적이고 공격적인 국가/민족적 자기사랑은 굉장히 횡포하고 야수적입니다. 또한 국가, 민족 공동체 간의 상호공격이 수차례 반복되어서 나중에는 도대체 누가 가해자이고 누가 피해자인지조차 분명해지지 않는 경우 반복되는 복수심에 가득찬 이 국가적 민족적 자기사랑의 절대성과 맹목성은 참으로 답답하고 무서운 일이 됩니다. 21세기 세계 최고의 불안과 위험으로 나타나는 기독교적 서구와 이슬람적 중동 간의 대립과 공격에는, 종교적 선악의 문제보다 국가/민족 공동체 간에 역사적으로 반복되어온 공격과 원한의 축적이라는 세속적 요소가 더 큰 것으로 보입니다.

4. 민주주의 – 집단적 자기사랑의 폭력성에 대한 제6계명의 처방
가. 민주주의의 '선거' – 집단적 자기사랑 간의 '평화적인 전쟁' / '원수를 덜 미워하는 제도'의 발명

민주주의의 제도 안에는 계층과 계층, 집단과 집단, 당파와 당파, 정당과 정당, 보수와 진보 간의 대립과 적대감이 매우 강합니다. 이것은 굉장히 피곤한 일이어서, 우리는 내 직장의 친근한 동료나 우리 동네의 다정한 이웃이나 존경하는 선배나 흐뭇한 후배와 사이좋게 지내다가도 선거나 정치적인 상황에서 서로의 정치적 의견과 선택이 좌우로 갈라지면, 서로 원수처럼 짜증이 나고 보기도 싫어지고 말을 섞기도 싫어지는 괴로움을 겪게 됩니다. 선거가 한번 끝나면 이긴 쪽 절반은 좋아 죽고, 그걸 보는 진 쪽 절반은 화가 나서 죽을 지경이 됩니다. 헌법적 민주주의의 핵심적 제도인 '선거'는 집단적인 패싸움이라서, 주기적으로 온 국민이 두 패로 나뉘어 또는 서너 패로 나뉘어 집단적으로 정치적인 열정을 불사르고, 집단적인 적대감과 증오심으로 격렬하게 분열됩니다. 이것 때문에 민주주의는 조금 피곤한데, 그래서 아예 보수적인 국민대통합으로 계층적이고 당파적인 대립이 없었으면 하는 생각(파시즘)과 아예 진보적인 계급철폐로 무계급사회를 만들었으면 하는 생각(공산주의) 등 여러 가지 민주주의의 대안이 역사적으로 제시되었었습니다.

그러나 수직의 위쪽 방향으로 상승하고 싶어 하는 사람들의 개인적 자기사랑으로 인해서 보수가 없는 진보만의 세상은 존재할 수 없고, 수직의 아래쪽 방향에 더 많이 모여 있는 사람들의 집단적 현실로 인해서 진보가 없는 보수만의 세상도 존재할 수 없습니다. 그러니까 민주주의 사회에서 보수와 진보와 또 기타의 정치경제적 입장들은 서로 대립하는 집단적 자기사랑으로서, 미워하고 싫어하고 경멸하고 심지어 증오하면서도 서로 참고 서로 견디면서 공존하는 수밖에 없습니다.

공산주의의 악(惡)은 진보와 평등의 이름으로 보수적인 사람들의 집단을 사회에서 다 제거하려고 한 것입니다. 이것이 제6계명을 위반하여 대량의 살상을 일으켰고, 공산주의는 인간의 본성적인 개인적 자기사랑의 욕망을 다 없애려고 무리를 하고 억지를 쓰다가 결국 망했습니다. 극우의 반공주의는 공산주의의 반대명제(antithesis)이지요. 닭이 먼저인지 달걀이 먼저인지 알기 어렵지만, 우리나라의 경우에는 인구의 십분의 일 이상이 죽고 다치는 '현실 속의 지옥' 같았던 한국전쟁의 초현실적 경험으로 인해서 반공주의는 객관적으로 현실적이고 역사적인 근거를 가지고 있습니다. 문제는 극우의 반공주의는 공산주의와 마찬가지로 사회의 절반을 차지하는 진보적 사람들의 집단을 사회에서 다 제거하려고 든다는 것입니다. 한반도의 남쪽에 살고 있는 대한민국의 여러 세대들은 한국전쟁 동안 '보수주의의 집단적 자기사랑'을 제거하려는 공산주의로 인한 고통을 참혹하게 경험하고, 그 뒤 수십 년 동안은 '진보주의의 집단적 자기사랑'을 제거하려는 반공적인 반민주주의로 인한 고통을 또 뼈저리게 경험했습니다. 그래서 6·25 사변을 경험한 50년대 세대의 세대적 경험은 '나는 공산당이 미워요'이지만, 광주 사태를 경험한 80년대 세대의 세대적 경험은 '나는 전두환의 민정당이 싫어요'입니다. 왼쪽이든 오른쪽이든 반대쪽 사람들을 다 없애려는 시도는 '없어질 수 없는 것을 없애려고 하는 것'이어서 성공하지도 못하고 세상을 이생의 지옥으로 만듭니다. 그래서 십계명의 제6계명은 '사람을 죽이지 말고 해치지 말라'고 외치고, 우리는 죽지 않기 위해서 '원수를 사랑하는 법'을 배워야만 합니다.

민주주의 사회에서는 기본적으로 보수적인 집단적 자기사랑과 진보적인 집단적 자기사랑과 기타 여러 가지 당파적인 자기사랑들이 지속적인 대립과 전쟁 상태에 있다고 보는 것이 현실적으로 더 타당하다고 생각합니다. 이 대립이 '무제한적인 적대감'으로 통제가 되지 않으면 내전으로 집단적 살상으로 나아갑니다. 그러나 민주주의의 선거제도는 이러한 집단적 자기사랑의 대립을 제도화하여 보수와 진보가 주기적으로 권력을 놓고 다투고, 이기면 몇 년 동안 권력을 잡고서 자기의 의제를 추진하고, 지면 몇 년 동안 참고 견디면서, 다음의 기회를 바라고 집단적 절망에 빠지지 않으면서, '자제하는 적대감'으로 상대방을 미워하고 싸울 수 있게 해줍니다. 결국 민주주의의 선거제도에는 사회 내부의 집단적/계층적 자기사랑의 충돌과 적대감이 총탄(bullet)으로 상대방을 죽이는 폭력적인 전쟁으로 나가지 않고 투표지(ballot)로 상대방을 제압하는 '평화적인 전쟁'에서 멈추도록 하는 미덕이 있습니다.

그러므로 '전쟁은 전쟁이되 욕만 죽어라고 하고 사람을 직접 죽이지는 않는 평화적인 전쟁(Peaceful War)'을 발명해 낸 민주주의의 선거제도는 '사람을 죽이지 말라'는 제6계명의 적극적 실천이며, 우리가 예수님의 명령대로 '원수를 사랑하는 것'까지는 못하더라도 '원수를 덜 미워하는 것'까지는 가능하게 만들어 주는 성경적 미덕을 가지고 있습니다. 이 점 하나만으로도 민주주의는 산상수훈의 팔복(八福) 중 하나인 이 세상의 '화평케 하는 자(peacemaker)'로서 기독교의 열렬한 박수와 지지를 받을 자격이 있다고 생각합니다.

나. 민주주의의 내부적 긴장 – 자기사랑의 수직성과 이웃사랑의 수평성

기독교에서 하나님과 사람의 관계인 하나님 사랑에서는 수직(垂直)의 방향이 신앙적 의로움이지만("십자가의 수직"), 사람과 사람의 관계인 이웃사랑에서는 일반적으로 수평(水平)의 방향이 사회적 정의로 나타나는 원리가 있습니다("십자가의 수평"). 인간의 세상에서 수직의 방향은 자기사랑의 욕구를 반영하고, 수평의 방향은 자기부인과 이웃사랑을 향한 긴장을 반영합니다.

문제는 인간의 개인적 '자기사랑'은 내가 다른 사람과 똑같이 성장하고 발전하는 것을 원하지 않고, 내가 다른 사람보다 더 많이 성장하고 발전하는 것을 원하는 '수직성'의 지향을 가진다는 것입니다. 자기사랑의 수직성은 아래쪽으로 떨어지기를 두려워하는 인생의 불안에서 오기도 하고, 위쪽으로 올라가기를 간구하는 인생의 욕심에서 오기도 하며, 대부분의 경우에는 인생의 초조한 불안과 애타는 욕심의 고통스러운 혼합물로 나타납니다. 자기사랑의 이 수직성은 개인적 자기사랑에도 존재하고, 집단적 자기사랑에도 존재합니다. 그래서 개인적으로든 집단적으로든 위로 올라가서 윗자리를 차지하고 싶어 하는 개인과 집단의 자기사랑은 수시로 민주주의를 위협하고 왕정의 특권적 질서를 복귀시키려는, 민주주의와는 반대방향의 탄성(彈性)을 가지고 있습니다. 이것이 수직으로 올라가려는 개인주의, 수직의 높은 곳을 선호하는 정치적 보수주의가 민주주의 속에 있으면서도, 민주주의와 마찰을 일으키거나 때로는 민주주의적 가치를 반대하는 방향으로 움직이기도 하는 이유입니다. 다시 처음으로 돌아가서, 권위와 질서를 강조하는 정치적으로 보수적인 기독교에는 결국 이 '자기사랑의 수직성'에 대한 강한 끌림의 요소가 있지 않은가 라는 질문을 던지게 됩니다. 정치적으로 보수적인 기독교가 성경의 강령적 원칙에 충실하기 위해서는, 결국 자기사랑의 수직적 경향에 안주하지 말고, '자기부인과 이웃사랑의 수평성'을 그 현실적이고 신앙적 논리와 실천 속에 포함시켜야 한다고 봅니다. 이것이 예수께서 '누구든지 자기를 부인하고 자기의 십자가를 지지 않는다면' 예수를 따르는 제자가 아니라고 말씀하신 이유입니다. (마태복음 16:24)

민주주의의 평등 원칙과 기독교의 이웃사랑 계명은 함께, 「개인이나 집단은 다른 개인이나 집단과 대등하게 인정되고 존중되어야 한다」는 '수평성'의 긴장을 요구합니다. 그러나 직립동물로 일어서서 돌아다니는 인간의 본성은 이웃사랑의 수평성보다 자기사랑의 수직성에 훨씬 가깝습니다. 대부분의 사람은 이웃사랑은 잠깐 하고 자기사랑을 대부분 좇으며, 자의이든 타의이든 자기부인과 이웃사랑을 오래 하다 보면 억눌린 자기사랑이 반란을 일으키곤 합니다. 그러니 인간은 수평적 이웃사랑과 정의만을 추구하면서 살 수는 없습니다. 그러나 반대로 자기사랑의 수직적 욕망에 압도되어 사람과 사람 사이, 집단과 집단 사이의 수평적 긴장이 무너지게 되면, 민주주의는 힘을 잃고 많은 사람들이 수직의 절벽에 겨우 매달린 것 같이 아슬아슬한 삶의 처지에 놓이게 됩니다. 그래서 사람은 자기사랑(빵)만으로도 살 수가 없습니다. 이와 같이 자기사랑의 수직성과 이웃사랑의 수평성은 끊임없는 긴장관계에 있으면서 서로 갈등과 대립을 일으키고, 사람의 생활과 세상의 정의가 앞으로 조금 전진했다가는 다시 뒤로 한 두 걸음씩 후퇴하는 일을 반복하게 만듭니다. 이것이 민주주의의 기본적인 불완전성을 보여주기도 하지만, 역으로 민주주의의 제도적 건강성과 탄성적 복원력을 보장해 주는 요소이기도 합니다.

정치적 진보주의와 진보적인 기독교는 수평적인 이웃사랑과 자기부인의 정의를 추구하고, 수직적인 자기사랑의 이기심과 불의를 배격합니다. 그러나 정치적 진보주의와 진보적 기독교가 보수적이고 진보적인 모든 사람들이 가지고 있는 수직적 욕망과 불안을 충분히 소화하고 이해하지 못하면 역시 생활적 기초와 결합하지 못하는 관념적 정의론으로 약화될 가능성이 있습니다. 그러므로 정의를 강조하는 정치적으로 진보적인 기독교 또한 성경의 강령적 원칙에 보다 충실하기 위해서는, 수직적인 인간의 자기사랑, 즉 인간의 본성적인 이기심과 욕망과 죄성의 존재와 그 왕성한 활동력에 대한 치열한 묵상을 그 현실적이고 신앙적 논리와 실천 속에 포함시켜야 합니다.

집단적 폭력과 평화의 문제와 관련하여, 집단과 집단 사이에 충돌과 폭력이 일어날 때, '자기사랑의 수직성'과 '이웃사랑의 수평성'의 원리는 우리가 어설프거나 무책임한 양비론에 빠지지 않고 충돌과 대립속에서 절대적이고 상대적인 정의와 불의를 분별할 판단의 기준을 제공해 줄 수 있습니다. 사회 내부의 계층과 집단 간에 충돌이 벌어질 때 수직성의 특권적 위계질서를 유지하려는 폭력은 기본적으로 사회적인 부정의를 옹호하는 악을 가지고 있습니다.

그에 비해서 사회 내부의 수직적인 특권과 차별을 극복하고 옆으로 뉘어서 수평적인 대등한 관계를 형성하고 유지하려는 도전은 사회적 정의의 요소를 가지고 있습니다. 정치적 스펙트럼 상 극좌에 있는 공산주의와 극우의 파시즘은 사회 내부의 타 집단/계층을 또 다시 지배당하는 아래 계층으로 떨어뜨리려고 한다는 점에서 '수직성의 부정의'를 가지고 있습니다. 국가와 국가, 민족과 민족 간의 싸움과 폭력에서도 마찬가지입니다. 다른 국가와 민족을 자기 국가와 민족의 아래로 떨어뜨려서 지배하고 착취하려는 목적의 제국주의적 욕망과 폭력은 '수직성의 악'을 강하게 가지고 있습니다. 그러나 수직의 아래에 억눌린 국가를 독립시키고 민족을 해방시켜서 국가와 민족 공동체 간의 대등한 수평성을 회복하려는 독립운동과 그에 수반되는 도전과 불가피한 항거에는 '수평성의 정의'가 있습니다. 식민지 민족의 수평적 독립운동을 제국주의의 수직적 악과 동일하게 비판하는 것은 위선적인 평화의 이름으로 위악적인 폭력을 옹호하는 일이 될 가능성이 큽니다.

2장. 자기사랑의 왜곡(歪曲)과 공적 거짓
– 제9계명과 민주주의의 공적 심판(審判)

1. 사적 거짓말의 세계

사람은 누구나 개인적으로 거짓말을 하고 삽니다. 살다보면 거짓말을 하게 되는 일들이 생깁니다. 누군가 '나는 살면서 단 한 번도 거짓말을 한 일이 없다'고 주장한다면, '바로 그 놈'이 세상에서 제일 심한 거짓말쟁이일 가능성이 큽니다. 사람은 '개인적인 자기사랑' 때문에 사적 거짓말을 합니다. 거짓말을 안 하면 자기가 손해를 보게 될 것 같은 때, 거짓말을 하면 뭔가 이익이 나올 것 같을 때, 사람은 살짝살짝 거짓말을 하게 됩니다. 남에게 큰 피해를 주지 않는 하얀 거짓말(white lie)은 그냥 싱거운 사람을 만들고, 어지간한 거짓말은 적당히 욕하고 넘어가면 되지만, 다른 사람의 개인적 평판을 해치는 거짓 모함은 명예훼손이나 모욕죄로 처벌되고, 다른 사람의 재산을 훔치는 거짓말은 사기죄로 처벌됩니다. 이것이 우리가 익숙한 '사적 거짓말의 세계'입니다.

2. 거짓 증언과 거짓 심판 (사적 거짓말 ☞ 공적 거짓말)

법정에서 증인으로 나와서 다른 사람에 대해서 거짓으로 사실을 진술하면 거짓증거의 위증죄로 처벌됩니다. 십계명이 불과 열 개의 계명 중 아홉 번째 계명에서 법정에서의 거짓말을 '거짓증거(False Testimony)'

라고 꼭 특정해서 금지한 것은, 사적 거짓말이 공적 절차를 어지럽혀서 공권력에 의한 거짓 판결(False Judgment)을 만들어내기 때문입니다. 즉 위증죄의 위중함은 '사적 거짓말'이 '공적 거짓말'을 만들어 사람에 대한 '지상(地上)의 거짓 심판(審判)'을 유도한다는 점에 있습니다. 그래서 성경은 위증죄를 범한 사람을 그 위증의 대상이 되는 범죄 자체와 동일하게 처벌하도록 규정하고 있습니다.[20] 그런데 문제는 우리가 살면서 위증죄를 범할 가능성이 그리 많지는 않다는 것에 있습니다.[21] 우리가 평생 살면서 법정에 증인으로 서는 기회도 드물지만, 형법 제152조는 위증죄를 징역 5년 이하의 법정형으로 처벌하고 있어서 특별한 사정이 없는 한 우리가 굳이 무모하게 '남을 위해서 내 인생을 망치는 거짓말'을 할 이유는 없기 때문입니다. 그러니 전체 십계명 중에서 위증을 하지 말라는 제9계명은 제일 간단하고 쉬운 계명처럼 보이고, 더 이상 복잡한 논의가 필요 없는 것처럼 느껴집니다. 그렇다고 해서 제9계명을 우리가 살면서 아예 일체의 거짓말을 하지 말라는 도덕적 명령으로 엄격하게 주장한다면, 이건 또 지키기가 거의 불가능한 계명으로 되어버려서, 우리가 감당하기 어려워집니다.

3. 공적 거짓말의 세계 – '지상(地上)의 심판권자'들이 행하는 거짓 심판(審判)

제9계명이 금지하는 '개인적인 거짓말과 사인(私人)의 거짓증거'는 세상의 형법 절차를 통해서 거의 커버가 됩니다. 명예훼손, 모욕의 피해자는 형사고소를 하면 되고, 법정에서의 위증죄는 '지상의 심판권

자'인 사법기관의 검찰이 기소하고 법관이 유죄선고를 해서 처벌하면
됩니다. 제9계명과 관련하여 세상에서 잘 해결이 되지 않고, 사람들의
집단적인 피해가 더욱 심각한 것은 오히려 '지상의 심판권자'들이 그
심판권을 가지고 직접 행하는 권력자들의 '공적(公的) 거짓 심판(判斷)'입
니다. 이 공적 거짓은 일반 개인들의 사적 거짓보다 훨씬 강하고 악(惡)
하고 치명적입니다.

세상에는 '사람의 자기사랑'이 가득한 만큼이나, '사람의 판단'이
가득합니다. 우리의 인생이 모두 다 이웃에 대한 '시기심'과 내가 갖
고 싶은 것에 대한 '욕심'으로 꽉 차 있는 것만큼, 우리의 인생은 인생
의 여러 높이와 장소에서 이웃(타인)을 판단하고 심판하는 일로 가득 차
있습니다. '거짓증거하지 말라'는 제9계명은 우리의 모든 '판단' 활동
에 대해서 적용됩니다. 그 중 힘이 약한 법정 증인의 법률적 거짓증거,
힘이 별로 없는 일반인의 사회적 거짓증거에 대해서는 명예훼손죄, 위
증죄 등 여러 가지 법적 통제장치가 있고 남을 해치는 힘도 그렇게 크
지 않습니다. 그러나 세상의 권력을 가진 사람들의 권력적 심판, 권력
적 거짓증거에는 다른 사람의 인생을 살리고 죽이고 망치고 무너뜨리
는 큰 힘이 있습니다. 그러니 세상의 심판자, 권력의 거짓증거는 세상
의 모든 거짓증거 중 가장 위험하고 치명적인 거짓증거가 됩니다. 법
정의 증인이나 일반인은 '타인을 심판하는 일'이 직업은 아니고 부업입
니다. 그러나 지상의 심판권자들, 즉 세상에서 타인을 심판하는 사람
들인 정치인, 공무원, 법관, 검사, 언론인 등은 모두 '타인을 심판하는
일'을 본업인 직업으로 삼고 있습니다. 그러니 세상의 증인들이 부업

으로 하는 거짓증언(證言)들보다 세상의 심판자들이 본업으로 하는 거짓판단(判斷)이 더 보편적이고 더 상시적인 거짓증거의 형식입니다.

개인의 거짓 주장은 그것을 당한 다른 개인들이 감당하고 맞서 싸우고, 정 안 되면 지상(地上)의 심판권자에게 보호를 호소할 수 있습니다. 이 '지상의 심판권자'는 곧 로마서 13장이 존중하라고 한 '위에 있는 권세'들, 즉 '하나님의 사자(使者)가 되어 하나님의 칼을 가지고 악을 행하는 자를 심판하는' 세상의 권력자들입니다. 문제는 이 세상의 권력자, 지상의 심판권자들 자신이, 그 권력을 가지고 그 권력을 남용(濫用)하고 그 권력을 오용(誤用)하여, 힘으로 거짓을 주장하고 힘으로 거짓을 관철시키고, 힘으로 거짓된 판단을 강요하고 힘으로 거짓된 정책을 집행하고, 거짓된 기소와 거짓된 판결로 무고한 사람들을 심판하고 정죄할 때입니다. 권력이 없이 '세상에서 심판을 받는' 개인들은 자기 행동과 판단의 참과 거짓에 대해서 고민하고, 두려움으로 조심을 하고, 반성과 참회도 합니다. 그러나 권력을 가지고 '세상에서 심판을 하는' 개인과 집단들은 자기 행동과 판단의 참과 거짓에 대해서 고민하지 않고, 두려워하지도 조심도 하지 않고, 반성도 참회도 잘 하지 않습니다. 왜냐하면? 지상에서는 '심판자의 거짓'을 심판할 심판자가 보이지 않고, 자기 마음대로 무엇이든지 해도 될 것 같이 느껴지기 때문입니다.

세상에서 지상의 심판권을 담당하면서, 공적 거짓 판단과 공적 거짓 주장과 공적 거짓 심판으로 세상을 어지럽히고 인간들을 괴롭게 하는 사람들은 누구인가? 그것은 세상의 공적 권력을 담당한 사람들입니다. 왕정에서는 왕과 귀족들이 태생(胎生)의 세습적 신분으로 권력을 주장했고, 민주주의 사회에서는 선거 등의 절차로 공적 권력을 '맡아(위임받아)' 가지고 행사하는 권력자들, 공직자들, 관료들, 그리고 그들의 공적 업무를 감시하고 비판하는 언론인들을 포함하여 광범위하게 공적 업무에 종사하는 사람들이 권력을 담당합니다. 이들은 세상의 참과 거짓, 정의와 불의에 대한 심판자(審判者)를 자처하지만, 사실은 다른 사람들에 대해서 공적 거짓증거와 공적 거짓 판단을 하지 말아야 하는 '제9계명'의 진정한 피고인(被告人)'들입니다.

공권력의 거짓 행동과 거짓 주장과 거짓 심판이 나오는 이유는 무엇인가? 그것은 한 사회 전체의 '공동체적 자기사랑'을 위해서 존재하고 행사되어야 하는 공적 권력을 권력자의 '개인적(個人的) 자기사랑'을 위해 오용(誤用)하고 권력자가 속한 정치적 집단의 '당파적(黨派的) 자기사랑'을 위해서 남용(濫用)하는 '자기사랑의 혼동과 왜곡' 때문입니다.

4. 공직자의 개인적/당파적 자기사랑으로 인한 왜곡 – 공적 거짓 심판과 공적 기능의 실패

첫째 공적 거짓판단의 '무책임(無責任)한 해악'은 권력자와 공직자의 '개인적(個人的) 자기사랑의 과잉(過剰)'으로 인해서 발생합니다. '공적 권력'의 기능과 행사에 '참여(參與)'하는 권력자와 관원들, 즉 높고 낮은 공무원들과 언론인 등이 공적 이익과 개인적 사적 이익을 뒤섞어 혼동하고, 나아가 공적 직위를 통한 개인의 보신과 생존과 출세를 공적인 직무의 책임보다 더 크게 생각하고 행동하는 세상의 간신(奸臣) 노릇들을 하게 되면, 그들이 가진 공적 직위는 정의의 수단이 아니라 불의의 수단으로 전락하고, 그들이 가진 권력은 인간이 가진 하나님의 형상을 인간의 악과 불의에 굴복시키는 공적 흉기(凶器)로 변신합니다. 한국에서 2014년 4월 세월호 사건에서 2016년 11월 박근혜 사태에 이르기까지 발생한 국가권력의 무능력과 마비와 무책임을 통해서, 한국의 국민들은 보수와 진보를 막론하고 권력자의 개인적 자기사랑으로 인한 정부의 공적 기능의 실패를 끔찍하게 목격하고 있습니다. 이것은 권력을 잡은 사람들이 '공동체의 자기사랑' 보다 '자기의 개인적 자기사랑'을 훨씬 더 사랑하고 앞세운 개인적 악으로 인한 것입니다.

둘째, 공적 거짓판단의 '파괴적(破壞的)인 해악'은 권력자와 공직자의 '당파적(黨派的) 자기사랑의 과잉(過剩)'으로 인해서 발생합니다. 정치적 권력을 '추구'하여 경쟁하는 정당(政黨)의 공적 기능은 국가공동체 중 일부(一部) 계층의 '당파적 공익(집단적 자기사랑)'을 변론하고 옹호하는 것에 있으나, 정치적 권력을 획득하여 '집행'하는 정부(政府)의 공적 기능에는 국가공동체 구성원 전부(全部)의 '비당파적 공익(집단적 자기사랑)'을 책임지고 보호하는 측면이 더 강합니다. 이것이 권력이 바뀌어도 계속 근무하는 직업관료제가 정부의 비당파적 공익 기능을 반영하고 있는 것과, 보수나 진보로 권력을 잡은 정당이나 정치인도, 선거를 할 때는 51%의 지지자들을 위한 정치를 주장하지만, 당선이 되면 49%의 반대자들의 이익과 입장도 함께 고려하고 존중하는 정치를 해야 하는 이유입니다. 권력을 잡은 집단이 정부와 공권력의 '비당파적' 성격을 모르거나, 그것을 알면서도 무시해서 정부의 권력을 자기 당파나 정파의 존재와 이익만을 위해서 사용하고, 다른 당파와 정파에 속한 사람들은 마치 국민이 아닌 것처럼 그 존재와 이익을 당파적으로 공격하고 배제하는 데에만 집중하는 경우, 국가의 공동체적 기능과 사회적 정의가 무너지고, 정부의 관리들과 언론은 소신과 양심을 잃고 특정 정파의 간신으로 전락하며,[22] 사회는 정치적 거짓 심판과 마타도어가 염치와 부끄러움도 없이 난무(亂舞)하는 진실의 혼란에 빠집니다. 이것 또한 우리는 박근혜 정부의 지난 수년간, 정부조직인 국정원이 특정 정당 후보의 당선을 위해서 댓글부대로 동원되고, 그에 대한 사법처리를 법대로 진행하던 검찰총장이 제거되며, 사회의 절반을 좌익, 불온 집단이라고 블랙리스트를 돌리고, 심지어 무고하고 불쌍한 세월호 희생 아이들의 부모들을 진보좌파라고 색칠해서 매도하고 저주하고 공격하는 정치적 행악질들이 벌어지는 것을 보면서, 뼈아프게 확인한 바 있습니다. 이것은 권력을 잡은 집단이 '공동체 전부의 자기사랑'보다 자기 집단의 '당파적 자기사랑'을 더 사랑하고 극단적으로 추구하는 집단적 악으로 인한 것입니다.

5. 민주주의 – '공적 거짓 심판'에 대한 제9계명의 처방
가. 민주주의와 법치주의 (Rule of Law) – 공직자의 개인적이고 당파적인 자기사랑의 제도적 부인

왕정 사회에서는 '짐이 곧 국가'라는 프랑스 루이14세의 말처럼 왕의 개인적 자기사랑이 곧 국가의 집단적 자기사랑과 동일한 것이라고 주장되었습니다. 그러므로 왕의 이익을 위한 공적 거짓 판단이 잘못

되었다는 문제의식도 없고, 왕의 자기사랑을 견제할 장치도 없었습니다. 귀족정 사회에서도 귀족들의 당파적 자기사랑이 국가의 집단적 자기사랑과 일치하는 것으로 여겨졌으므로, 귀족들의 당파적 자기사랑에 대한 문제제기도 귀족들의 자기사랑을 견제할 장치도 없었습니다. 유사 왕정인 독재자들의 정권에서도 독재자들은 마치 자기가 왕인 것처럼 자기들의 개인적이고 당파적인 자기사랑을 국가적 자기사랑과 동일시합니다.

민주주의는 원리적으로 선출된 권력자와 임명된 관리들의 개인적이고 당파적인 자기사랑을 민주주의 사회 전체의 공동체적 자기사랑보다 우월한 것으로 인정하지 않습니다. 선출된 권력자들이 가지는 '지상의 심판권'은 '살아있는 권력'의 무서운 힘으로 인해서 일시적으로는 마치 절대적인 왕권과 비슷한 것처럼 착시를 일으키기도 하지만, 임기로 제한된 본질적 유한성을 가지고 있으며, 자기사랑의 혼동을 일으킨 권력은 일반적으로는 선거를 통한 정권의 교체로, 긴급할 때에는 탄핵과 소환절차로 리콜할 수 있는 헌법적 장치도 있습니다. 결국 왕정과 독재는 왕과 귀족과 독재자의 개인적이고 당파적인 자기사랑을 부인하지 못하지만, 민주주의는 권력자의 개인적이고 당파적인 자기사랑을 부인하는 제도적 장치를 제공하고 있습니다. 민주주의 이전의 시기에 우리는 권력에 의한 공적 거짓 심판과 공격을 운명으로 여기고 참고 그냥 (기도하며) 살다가 죽는 수밖에 없었지만, 이제 민주주의 사회에 사는 우리들은 권력에 의한 공적 거짓 심판과 공격을 견딜 만큼 견디고 기도하며 참기도 해보다가 도저히 참을 수 없을 지경에 이르면 집단적인 힘을 모으고 (함께 기도하며) 민주주의 절차를 통해서 권력자를 교체하거나 쫓아냄으로써 공적 불의와 거짓을 행하는 권력의 자기사랑을 용납하지 않고 부인(否認)해 버릴 수 있게 된 것입니다.

민주주의의 기본 요소 중 하나인 법치주의는 권력자의 개인적이고 당파적인 자기사랑이 공동체적 자기사랑을 초과할 수 없도록 하는 실체법적 제한과 절차법적 한계를 설정합니다. 법치주의(法治主義)라 함은 '권력자가 다스리는 사회'가 아닌 '법이 다스리는 사회'를 의미하기 때문입니다. 물론 민주주의 절차로 선거에 이긴 독일 히틀러의 국가사회주의노동자당(나치당)이 실정법상으로는 선거와 입법과 사법의 모든 법절차를 형식적으로는 거치면서 그 모든 악을 행한 사례도 있으므로, 우리는 민주주의와 법치주의의 정치적 면역능력을 낭만적으로 신뢰할 수는 없습니다. 그럼에도 불구하고 민주주의와 법치주의는 한계를 넘어 폭주하는 권력자의 자기사랑을 통제할 수 있는 가장 강력한 자기부인의 장치 중의 하나임이 분명합니다. 2016년 11월 이후 2017년 3월의 탄핵 선고에 이르기까지 박근혜 사태 속에서 한국 국민들은 민주주의를 모르고 자기를 여왕인 줄 알았던 권력자를 민주주의 절차를 통해서 하늘의 권세에서 땅의 심판으로 내려뜨리는 민주주의의 미덕을 현실 속에서 체험하고 있습니다.

나. 제9계명 – 권력자의 거짓에 대한 기독교적 경고: 지상의 심판자에 대한 하늘의 심판

이웃에 대하여 거짓증거하지 말라는 십계명의 제9계명을 법정의 증인과 위증죄에만 적용되는 것으로 생각하면, 세상의 권력자들은 지상의 심판권자로서 위증자에 대한 형법적 심판만 집행하면 되므로, 이 계명을 남 일로 생각하고 아주 마음이 편안한 안식을 누릴 수 있습니다. 그러나 이웃에 대하여 거짓증거하지 말라는 제9계명을 세상의 공적 심판권을 가지는 관원들에 대하여 (고의든 과실이든) 그 권력을 잘못 사용하여 정치적인 거짓 심판이나 법률적인 거짓 심판을 하지 말 것을 요구하고 그에 대한 하나님의 심판을 경고하는 것으로 이해한다면, 세상의 권력자들은 제9계명의 직접 피고인으로 되어 마음이 편안한 안식을 누릴 수 없게 됩니다. 제9계명은 지상의 심판권자들을 하나님과 민주주의 앞의 피고인으로 내려 세우기 때문입니다.

한국에서 고위 공직자들의 삼분의 일에서 절반 안팎에 달한다는 독실한 기독교인들은, 과연 자기가 맡아 담당하고 있는 공적 권력을 가지고 개인적이고 당파적인 자기사랑으로 오염된 하나님 앞의 공적 거짓증거(거짓심판)를 행하지 않고 있는지, 제9계명을 앞에 놓고 끊임없는 자기 경계와 회개를 해야 합니다. 세상의 권력을 맡아서 함부로 다른 사람들을 심판하다 보면 언제 자기가 심판받을지 알 수 없다는 사실을 알고, 권력으로 잘난 척 하지 말고 하나님과 사람 앞에서 두려워해야 합니다.

권세와 질서를 강조하는 정치적으로 보수적인 기독교는 로마서 13장에서 하나님의 심판을 대행하는 세상의 권력자들이 동시에 제9계명의 피고인으로 하나님의 심판 앞에 서 있다는 사실을 깨달아야 합니다. 성경의 전체 체계를 본다면, 하나님이 직접 그 손으로 새겨서 주신 십계명의 제9계명이 바울 사도의 편지 중 한 구절보다는 더 큰 무게를 가지고 있다고 보아야 할 것입니다. 경건을 강조하는 비정치적인 기독교도 한국에서 열심히 기도하는 독실한 기독교인들 중 많은 사람들이 정치적 프로세스에서 벌어지는 악에 '점잖게' 동참하고 있다는 사실을 경각심을 가지고 회개해야 합니다. 점잖게 나쁜 짓을 하거나 인상을 쓰고 나쁜 짓을 하거나 악을 행한 것은 마찬가지입니다. 정의를 강조하는 정치적으로 진보적인 기독교인들의 경우에도, 권력을 가지고 행사할 때에 진보적인 사람에게도 개인적 자기사랑이나 당파적인 자기사랑으로 공적 거짓을 행하고 공적 악을 행할 위험은 똑같이 존재한다는 것을 잊지 말고 스스로 경계해야 할 책임이 있습니다. 진보적인 사람에게는 개인적이고 당파적인 악이 없을 것이라는 생각은 인간의 본성에 대한 과도한 기대와 착각이기 때문입니다.

다. 정치적 선악과(善惡果)에 대한 경고

무엇보다도 권력의 거짓 심판(판단)에 대한 성경의 가장 강력한 메시지는 '창세기 3장의 선악과(善惡果) 경고'입니다. 지상에서 선과 악을 알게 하는 나무의 과실을 가장 많이 먹고, 가장 심하게 중독되는 사람들은 이 땅에서 사람들의 선과 악, 진실과 거짓, 정의와 부정의를 판단하는 일을 직업적으로 수행하는 지상의 권력자들입니다. 사람이 권력을 가지고 행사하면서 이것이 옳다 저것이 옳다 판정을 자꾸 하다 보면 진짜 자기가 정의와 선과 진실을 독점적으로 가지고 있는 것처럼 착각을 하게 됩니다. 그래서 자기는 선(善)한 나무 열매를 따먹은 사람이고,

자기와 의견이 다른 사람과 집단들을 악(惡)한 나무 열매를 따먹은 사람들이라고 규정짓고 비난하고 욕하고 저주하고 체포하고 투옥하고 심하면 죽이기까지 합니다. '나의 이익 때문'에 다른 사람을 해치는 사람들은 차라리 솔직하고 부끄러워하기라도 하지만, 정치적 선악과를 따먹고 '자기만 옳다고 우기면서' 다른 사람을 해치는 사람들은 솔직하지도 않고 부끄러워하지도 않고 고개를 바짝 세우고 극악스럽게 사람을 해칩니다. 그래서 성경의 하나님은 선악과를 따먹은 자들을 재판해서 심판하고 에덴의 동쪽으로 쫓아내셨습니다(창세기 3장).

정치적 선악과는 이익과 자기사랑으로부터 출발하는 정치적 악의 최종적 도착역이자 사람들의 존재는 물론 사람들의 의식까지 말살하려는 지상 최대의 대량살상무기(WMD, Weapon of Mass Destruction)로 작동합니다. 선악과의 경고를 담은 성경을 믿는 기독교인들 중에는 거꾸로 신앙적이고 정치적인 선악과를 너무 많이 먹은 사람들이 무척 많습니다. 기독교의 이름으로 선악의 심판자가 되어 다른 사람들의 생각과 사상과 양심과 정치적 자유를 인정하지 않고 하나님의 이름으로 저주하는 사람들은, 성경의 창세기 3장을 다시 읽고 그들이야말로 하나님의 심판을 두려워해야 합니다.

3장. 자기사랑의 생존(生存)과 일용할 양식
― 제8계명과 경제적 민주주의

1. 먹고 사는 일의 중요성

결국, 우리는 '먹고 사는 일', 경제생활의 문제를 피해갈 수 없습니다. 먹고 사는 문제를 빼고는 인생을 지탱해 나갈 수 없고, 먹고 사는 문제를 빼고는 사회와 정치를 이해하기도 어렵고, 먹고 사는 문제를 빼고서 민주주의에 대해서 논하는 것은 허공에 뜬 공론(空論)이 될 가능성이 큽니다. 먹고 사는 일이 민주주의를 만들기도 했고, 먹고 사는 일이 민주주의를 후퇴시키기도 하고, 사람들은 먹고 사는 문제 때문에 민주주의에 매달리기도 하고, 먹고 사는 문제 때문에 민주주의를 내팽개쳐버리기도 합니다. 경제와 민주주의는 서로 협조적인 것인지("경제적 평등"), 아니면 서로 배척하는 것인지("경제적 자유"), 이것도 쉽지는 않습니다. 어쨌든 먹고 사는 문제는 '민주주의'의 가장 커다란 문제 한 두 개 중의 하나입니다. 먹고 사는 문제는 어떤 때에는 민주주의의 운동장 옆 자리에서 얌전하게 자기 일만 하고 있다가도, 여차즉하면 곧바로 다른 모든 가치들을 사납게 옆으로 밀어내고 자기가 민주주의 운동장의 한 가운데 자리를 차지해 버리기도 합니다. 그래서 우리가 민주주의의 작동과정을 온전하게 이해하고 잘 참여하기 위해서는 반드시 먹고 사는 문제를 다루고 이해해야 합니다.

성경의 핵심적 강령에서 먹고 사는 문제를 명시적으로 직접 다루고 있는 곳은 (i) 십계명의 제8계명 '도적질하지 말라 (Do not steal)'는 인생 계명과 (ii) 주기도문의 네 번째 청원 '우리에게 일용할 양식을 주옵시고 (Give us this day our daily bread)'라는 첫 번째 인생기도의 두 군데입니다. 십계명의 제8계명은 상대적이고 부정적인 형태의 금지명령으로 되어 있고, 주기도문의 첫 번째 인생 기도는 절대적이고 긍정적인 형태의 공급요청으로 되어 있습니다. 이하에서는 (i) 우선 성경의 위 두 가지 강령의 내용을 간단히 확인하고, (ii) 사람들이 땅과 직장과 시장에서 일용할 양식을 구하며 먹고 사는 문제의 개인적이고 사적인 양상을 살펴본 후 (먹고 사는 일의 사적 측면), (iii) 먹고 사는 일과 민주주의의 관계, 즉 사람이 먹고 사는 일의 괴로움에 민주주의가 어떤 도움을 주는지와 사람이 함께 살아가자는 민주주의에 먹고 사는 일의 욕망이 어떤 괴로움과 고민을 주는지를 구체적으로 살펴보고자 합니다. (먹고 사는 일의 공적 측면)

2. 성경의 두 가지 경제 강령 - 일용할 양식 / 훔치지 말라

가. 일용할 양식 (주기도문)

흙으로 만들어진 인간은 뭔가를 먹어야 살 수 있고, 뭔가를 입어야 살 수 있고, 뭔가 덮을 지붕이 있어야 몸을 누이고 살아갈 수가 있습니다. 예수님은 사람은 빵 만으로는 살 수가 없다고 말씀했지만, 사람은 빵이 없으면 살 수가 없습니다. 그래서 "우리에게 오늘 일용할 양식을 주옵시고(Give us this day our daily bread)"라는 주기도문의 기도는 모든 사람에게 동일하게 적용되는, 인생에 관한 기도 중의 첫 번째 기도입니다. 이 주기도문의 '양식(糧食) 기도'는 언뜻 보아서 왕정이나 민주주의나,

자본주의나 공산주의나, 시대와 체제의 차이가 없이 모든 인간조건에 대해서 동일하게 적용되는 보편적이고 당연한 명제인 것처럼 보입니다.

그러나 자세히 보면 이 기도 안에도 '긴장'이 들어있습니다. '우리의 양식(Our Bread)'을 구하는 기도 안에는 '나의 양식(My Bread)'을 간구하는 개인적 '자기사랑'의 기도와 '너의 양식(Your Bread)'도 존중하는 '이웃사랑'의 기도가 함께 들어있습니다. 살만하고 풍족할 때에는, 나도 먹고 너도 먹고 넉넉한 '우리의 양식'으로 모두가 함께 즐거워하는 평화와 안식을 누릴 수 있겠지만, 살기가 어려워지고 결핍할 때에는, 내가 먹으면 네가 못 먹고 네가 먹으면 내가 못 먹게 되는 부족한 '우리의 양식'으로 모두가 함께 불편한 (누군가는 넉넉하고 누군가는 모자란) 경제적 경쟁과 불안으로 빠져들게 됩니다. 결국 '우리의 양식'을 구하는 이 기도에는 개인적 자기사랑과 이웃사랑(자기부인) 간의 갈등과 긴장, 개인적 자기사랑에서 집단적 자기사랑으로 넘어갈 때에 발생하는 자기사랑과 이웃사랑 간의 마찰이 다 들어있습니다.

이 기도에는 또 하나의 어려운 문제가 있습니다. '일용할 양식(Daily Bread)'이라는 수수께끼입니다. 성경의 여러 버전을 보면 '오늘의 양식, 필요한 양식, 오늘에 필요한 양식' 등 여러 가지 표현이 있는데, 오늘 필요한 일용할 양식의 크기는 사람의 덩치와 그의 위대(胃大)함, 즉 위장의 크기에 따라 다르기 때문입니다. 성경의 말씀에 따르면 '먹고 사는 문제에 대해서는 적당한 줄을 알고 지족(知足)하는 것'이 고상한 정답이지만,23 생존에 초조하고 경쟁에 불안한 세상의 인생들은 거의 대부분 '오늘 먹을 음식에만 만족하고, 내일 먹을 음식에 대한 막막하고 막연한 불안을 안고서는' 고상하게 살아가기가 어렵습니다. 특히 가족의 생활을 책임지고 꾸려가는 성인 어른들은 나와 가족의 내일의 식비와 생활비, 내일의 주거비와 내일의 학비를 진지하고 쫀쫀하게 계산하고 준비하지 않으면, 매일매일 불과 24시간 후면 득달같이 달려오는 '내일'의 '오늘의 양식(Daily Bread)'을 장만하고 감당할 수가 없습니다. 그러므로 각자 그날 일용할 양식에 만족하라는 성경의 권고는 도덕적이고 종교적인 권면으로서는 정당하더라도 우리의 실제 인생에 현실로 적용하기는 어렵습니다. 인간의 현실적인 '개인적 자기사랑'은 자기의 일용할 양식을 '수직적으로 극대화(極大化)'시킬 것을 요구합니다. 인간의 본능적 욕망이 이것을 지지하고, '개인적 자기사랑의 집합체'인 정치적 보수주의가 일반적으로 이것을 지지하고, 흔히들 기복신앙이라고 부르는 개인주의적인 '자기사랑의 기독교'도 이것을 지지합니다. 한편 세상의 '이웃사랑과 자기부인'은 개인의 일용할 양식을 수직적으로는 제한하고 '수평적으로 확산(擴散)'시켜서 평등화, 동질화, 또는 기회적으로 균등화시킬 것을 요구합니다. 인간의 도덕심과 고등종교들이 이것을 지지하고, 상대적으로 가난한 사람들의 '집단적 자기사랑'에 기반한 정치적 진보주의가 이것을 지지하며, 사회적 정의를 주장하는 진보개혁진영의 기독교도 이것을 지지합니다.

나. 훔치지 말라 (제8계명)

안타깝게도 인류 역사상 우리 인생의 기본값(Default Value)은 「넉넉한

'우리의 양식'으로 다 같이 행복한 평화의 상황」이 아니라, 「부족한 '우리의 양식'으로 다 함께 불편한 불안의 상황」입니다. '우리의 양식'이 다 같이 행복하게 나누기에 모자라고 불편해지면, '나의 양식'과 '너의 양식'이 서로 싸우게 되지요. 그래서 십계명의 제8계명은 심플하게 '훔치지 말라(Do not Steal)'고 명령합니다. '네가 가지고 있는 양식'에 만족하고 '다른 사람의 양식'을 건드리지 말라는 것이지요. 사람들이 타인의 양식을 서로 노리고 서로 건드리고 하다 보면 서로 불안해서 누구 한 사람 제대로 먹지도 못하고, 음식은 싸우는 중에 땅에 떨어져 아무도 먹을 수 없는 꼴이 될 수도 있으니, 일리가 있는 말입니다. 그러나 음식이 모자란데 다른 사람의 양식을 건드리지만 않으면 문제가 해결되는가? 각자가 가지고 있는 현재의 소유를 절대적으로 인정하기만 하면 그것이 주기도문의 3번 기도에 따라 '하나님의 뜻이 하늘에서 이룬 것 같이 땅에서도 이루어지는' 길이 되는가? 이것은 잘 모르겠고, 과연 정확한 답이 무엇인지도 궁금해집니다. 그리고 훔치지 말라는 명령에는 '있는 사람들에게 유리하고 레미제라블의 장발장처럼 없는 사람들에게는 불리한 계명이 아닌가?' 라는 의문의 꼬리표가 항상 달려 있습니다. 이 의문부호를 쭉 밀어붙이면 어느덧 '훔치는 것이 찾는 것이 되고, 지키는 것이 훔치는 것이 되는' 두 개의 상반된 제8계명, 두 개의 경제적 선악과가 나와서 서로 대립하기도 합니다. 어쨌든 성경의 인생 강령들은 (i) '우리의 양식(Our Bread)'을 얻기 위해서 기도하고 일할 것과, (ii) 타인의 양식을 '훔치지 말라'는 두 개의 설명과 명령을 하고 있습니다. 이 두 개의 강령이 개인적인 삶에서는 어떻게 나타나고 집단적인 삶에서는 어떻게 움직일까요? 아래에서 살펴보겠습니다.

3. 일용할 양식을 구하는 사적인 인생 – 땅과 직장과 시장을 통해 먹고 사는 일 (해석론적 인생)

사람은 자기 개인과 가족의 물질적인 생존을 위해서, 필요한 양식과 의복과 집을 얻기 위해서, 생산과 노동활동을 해서 재화를 얻고 다른 사람의 서비스를 얻어야 합니다. 먹고 사는 직업에는 여러 가지 종류들이 있습니다. 농업과 공업과 상업과 서비스업 등등입니다. 농업은 땅에서 자연과 사람의 손이 상호작용을 해서 먹을 것을 만드는 산업이고, 공업은 공장에서 기계와 사람의 손이 상호작용을 해서 물건들을 만드는 산업이고, 상업은 시장에서 사람의 손으로 사람들이 만든 물건과 서비스를 교환시켜주고 그 차익으로 돈을 버는 직업이고, 서비스업은 사람의 손으로 다른 사람을 '돕는 일(서비스)'을 해주고 그 대가로 돈을 버는 직업입니다. 농업 시대에는 농산품이 나오는 땅(土地)의 어딘가에서 자리를 잡아야 먹고 살 수가 있었고, 공업 시대에는 공산품이 나오는 공장(工場)의 어딘가에 자리를 잡아야 먹고 살 수가 있었고, 상업과 서비스업 시대에는 물건과 서비스를 사고파는, 또는 주고받는 시장(市場)의 어딘가에 자리를 잡아야 먹고 살 수가 있습니다.

가. 토지(土地)에서 일용할 양식을 구하는 인생

인구의 절반 이상이 땅에 붙어살던 농업 시대에는 땅을 가지고 있는가, 땅을 가지고 있지 않은가에 따라서 먹고 사는 방법이 결정되었습니다. 일용할 양식만큼의 땅을 가진 사람은 소농으로 적당히 살고, 일용할 양식보다 땅이 적거나 없는 사람은 일용할 양식보다 많은 땅을 가지고 있는 사람의 밑에서 하인으로 또는 남의 땅을 빌려서 소작인이나 도지(賭地) 계약으로 먹고 살았습니다. 왕조시대에는 양반과 상놈의 신분으로 먹고 사는 수준과 조건이 결정되었고, 양반들 사이에서도 과거(科擧)시험의 합격과 관직의 높이로 농지의 소유 여부와 녹봉의 크기가 결정되었습니다. 일제시대에는 왕조시대의 양반 자리를 일본인 지배자들이 차지했고, 민주주의 사회로 넘어오면서는 결국 토지의 소유문제가 좌우대립의 주된 쟁점으로 되어 전쟁까지 일으켰다가, 적당한 농지개혁을 거쳐 소농의 자유토지체제로 되어, 토지소유가 더 이상 신분문제는 아닌 경제적 문제로 바뀌었습니다. 한국에서 농지의 소유계급은 100년 안팎에 조선왕조에서 일본 식민지세력으로, 해방 후에는 좌우대립과 농지개혁과 한국전쟁까지 겪으면서 몇 번에 걸친 대격변을 경험했습니다. 지금도 일제 친일파로 대지주가 된 이완용 등의 후손들이 물려받은 땅의 소유권을 국가에 귀속시키는 일과 관련된 소송들이 진행되고 있으나, 전체적으로 본다면 한국의 지주계급은 역사의 격변과정에서 몇 번씩 '다 망하는' 기회를 가졌기 때문에 다른 나라에 비해서는 크게 흔들림을 당했고, 역사적인 차원에서 안정적이고 성공적인 지주계급의 상속은 이루어지지 못한 것으로 보입니다. 우리들의 부모세대인 노년층은 '자기의 세대에서는' 열심히 일을 해서 자기 땅을 사서 땅에 대한 집안의 한(恨)을 풀거나, 땅을 사기까지는 못 하고 소작이나 도지를 해서 힘겹게 생활을 하는 것이 일반적이었고, 일부는 공부를 해서 공무원이나 도시의 직장생활을 하고 다른 일부는 장사를 해서 돈을 벌거나 겨우 생존하거나 했지요. 왕정 시대와 같은 신분적 제한은 없어서 개인적인 계급상승이 불가능하지는 않았지만, 성공한 사람은 소수이고 성공하지 못한 사람이 다수였을 것입니다. 이것이 농업시대에 '토지(土地)에서 일용할 양식'을 구하는 사람들의 사적이고 개인적인 인생들의 모습입니다. 이 때 사람들의 삶의 초점인 '땅의 소유'는 해방 후의 격동을 거쳐 민주주의 사회의 민법질서, 즉 물권법(物權法)의 토지소유권과 채권법(債權法)의 토지매매제도를 통해 움직이고 보장되었습니다.

나. 학교(學校)에서 '일용할 양식을 구하는 능력'을 구하는 인생

한국에서는 먹고 살기 위한 일에 대한 가족 단위의 자기사랑이 집중적인 노력을 전개한 또 하나의 방향이 '자식 세대의 계층 상승'을 위한 교육열 내지 '교육전쟁(敎育戰爭)'입니다. 정치적으로는 여전히 독재를 해도, 체제 자체로는 왕정의 신분체제를 유지하지 않고 이념적으로는 신분적 평등을 주장하는 사회가 되었으므로(대한민국 헌법 제11조 제1항 "모든 국민은 법 앞에 평등하다. 누구든지 성별·종교 또는 사회적 신분에 의하여 정치적·경제적·사회적·문화적 생활의 모든 영역에 있어서 차별을 받지 아니한다"), 과거의 과거(科擧)제도를 대체한 고시제도 등을 통해 평민의 자손이 민주주의 사회의 관료나 귀족이 될 기회가 비록 '좁은 문'이나마 조금 열려있는 사회가 되자, 개인적으로 '먹고 사는 일'을 해결하고 개선하고자 하는 사람들의 에너지는 아래 세대로 내려가서 부모의 희생으로 자식들을 교육

시키는 한국 특유의 '개인주의적 계급투쟁⑺'으로 전개되었습니다. 한국에서 군사독재로 민주주의를 파괴하고 유사 왕 노릇을 했던 독재자 박정희와 전두환도 귀족의 자손이 아니고 현대의 무과시험인 육사에 합격한 가난한 농민의 자식이었습니다. 한국에서 좌우 세력 간의 '집단적인 계층상승 욕구'에 관한 충돌은 계급전쟁의 일종인 6·25의 한국 전쟁을 통해 초현실적인 참극으로 막을 내렸기 때문에, 한국 전쟁 이후의 '개인적 계층상승 욕구'는 자기 세대의 노동과 희생으로 자녀 세대의 개별적인 계층 상승을 추구하는 교육을 다른 방식의 '비교적 안전한' 현실적인 전쟁터로 선택한 것입니다. 이런 맥락에서 한국에서 전통적으로 유독히 심각하고 전투적인 교육 경쟁은 부정적인 면도 많지만, 사람들이 총을 앞에 들고 싸우던 것을 시험 문제지를 앞에 놓고 싸우는 것으로 바꾼 '평화적인 계급전쟁'이라는 면도 있어서 그냥 단순하게 매도하기는 어려운 점이 있습니다. 문제는 자식 세대를 향한 이 노력도 성공하는 사람은 소수이고, 실패하는 사람이 다수라는 것이지요. 이것이 한국에서 특히 강렬한 '학교(學校)에서, 일용할 양식을 얻는 능력(能力)을 구하려는' 사람(부모와 자녀)들의 사적이고 개인적인 인생들의 모습입니다.

다. 직장(職場)에서 일용할 양식을 구하는 인생

한국의 40~60대 세대는 한국의 1970년대~1990년대에 급격한 산업화를 통해서 농업이 아닌 제조업과 수출산업이 중심적인 산업으로 되어가는 산업구조의 변화과정에서 먹고 사는 생활을 경험했습니다. 땅을 중심으로 살았던 부모 세대와는 먹고 사는 일의 모습과 조건이 많이 다릅니다. 대부분이 도시에서 살면서 공장이나 회사에 취직해서 먹고 살고, 일부는 공장이나 회사를 만들어서 먹고 살기도 합니다. 사람들의 직업은 대체로 회사와 공장에서, 생산직 산업노동자, 사무노동자, 그리고 기업주나 관리자의 세 모습으로 나타납니다. 이 시기는 새로운 산업분야가 생겨나서 팽창하는 분위기를 가지고 있었습니다. 경제적으로 확대되고 성숙한 생산직 산업노동자와 사무노동자 계층의 시민적 결합은 1987년 6월의 시민혁명으로 우리나라에서 독재를 무너뜨리고 우리나라에 취소불가능(irrevocable)하고 비가역적(irreversible)인 선거제 민주주의 시스템을 확립했습니다. 민주주의의 발전을 바탕으로 노동자계층의 집단적 자기사랑, 즉 '집단적으로 일용할 양식을 확보하고 증대하려는 노력'이 노동조합운동과 진보정당운동을 통해서 상당한 정도 발전하였습니다. 그러나 여러 가지 정치적이고 사회적이고 경제적인 이유의 복합적인 영향으로 우리나라에서는 서유럽에서 볼 수 있는 정도의 노동자들의 '집단적 자기사랑의 발전,' 즉 노동조합 기반의 사회민주주의 정당이 보수당과 양당체제로 양립해서 정권을 주고받는 수준으로까지는 발전하지 못하고, 이제 21세기에 들어와서는 오히려 노동조합운동 자체도 정체 내지 후퇴하는 모습으로 느껴집니다. 이 시대의 사적이고 개인적으로 먹고 사는 일, 즉 사적으로 일용할 양식을 구하는 기도와 노동은 공장이나 회사라는 '직장생활'을 중심으로 전개됩니다. 직장에 취직을 해서 일용할 양식을 구하는 일터에 들어가는 것, 직장에서 일하면서 승진을 하고 임금을 늘리면서 나와 가족을 위한 '오늘의 일용할 양식'을 확보하고 증가시키는 것, 그러는 가운데 직장에서 잘리지 않기 위해서 사장과 관리자의 눈치를 보고 비굴함을 참고, 동료들과 겉으로는 웃으면서 등 뒤로는 경쟁하는 것, 아랫사람들을 챙겨주면서 이리저리 굴리는 것, 이것이 산업화 시대에 '직장에서 일용할 양식'을 구하는 사람들의 사적이고 개인적인 인생들의 모습입니다.

이때 '직장에서 훔치지 말아야 할' 사람들의 경제적 권리는 무엇일까요? 두 가지가 있습니다. 하나는 '회사와 공장의 소유권' 즉 기업주의 경영권이고, 다른 하나는 '회사와 공장에서 일할 수 있는 권리' 즉 생산직 노동자와 사무노동자의 고용에 관한 권리와 노동삼권(단결권, 단체교섭권, 단체행동권)입니다. 직장에 대한 기업주의 경영권은 상법으로 제도화되어 보장되고, 직장에 대한 근로자의 노동권은 근로기준법과 노동법에 의해서 제도화되고 보장됩니다. 여기에서 흥미로운 것은 현대 민주주의 사회의 직장인 회사와 공장에는 '개인적인 자기사랑'의 요소와 '집단적인 자기사랑'의 요소가 함께 존재하고, 경제적인 왕정(王政) 같은 모습과 경제적인 민주정(民主政)의 모습이 함께 표현되고 있다는 것입니다.

우선 회사와 공장의 기업주와 노동자의 관계에는 고용주(경제적 왕)와 피고용인(경제적 평민)의 상하관계라는 왕정적 수직성의 요소와 함께, 노사대립과 단체협상이라는 민주주의적 수평성이 함께 있습니다. 그리고 현대 기업의 일반형태인 주식회사는 그 자체가 법적으로는 '주주(株主)들의 집단적인 소유관계'이어서, (i) 한편으로는 대주주, 소위 재벌의 오너(owner)가 보여주는 현대사회의 '왕조적' 행태가 있는 반면, (ii) 다른 한편으로는 소액주주로서 기업의 소유에 참여하는 다수의 일반 시민들이 주주총회 등을 통해서 '민주주의적' 주주권을 행사할 수 있는 이론적·실천적 가능성도 공존합니다.

즉 현대의 직장에는 (i) 근로자에 대한 '일용할 양식'의 분량을 노동 조합과 노사협상을 통해서 '집단적으로' 결정하고, (ii) 대주주와 소액 주주 간에 보수와 배당을 통한 '일용할 양식'의 분배를 주주총회를 통해서 '집단적으로' 결정한다는 '집단적' 성격이 일부 존재합니다. 그러나 반대로 현대의 직장에서는 (i) 근로자들이 집단적으로 노동조합을 통한 공동의 이익을 추구하는 것보다 개인적으로 취직해서 개인적으로 직장을 유지하고 개인적으로 승진을 추구하는 개인적인 '일용할 양식 추구 노력'에 더 집중한다는 것과, (ii) 소액주주들은 회사의 경영참 여나 배당보다도 개인적으로 주식시장에서의 주식매매차익을 노리는 기업의 손님 역할을 하고 대주주들은 어떤 수단으로든 집단소유의 공개주식회사에 대한 개인적이고 가족적인 지배권(경제적 왕권)의 유지와 상속을 결사적으로 추구하면서 기업의 주인 노릇을 한다는, '개인적' 성격이 아직 더 강하게 작용하고 있습니다.

라. 시장에서 일용할 양식을 구하는 인생

마지막으로는 지금 21세기에 나타나고 있는 정보화, 세계화, 상업화의 시대입니다. 이 시기에 사람들의 개인적으로 먹고 사는 인생은 모든 것을 사고파는 '시장'에서 결정됩니다. 이 시대의 특징은 전세계적으로 물자나 서비스나 재화의 총량과 '생산성(生産性)'은 엄청나게 발전했으나, 사람에게 일용할 양식을 제공하는 땅(토지)과 직장(공장과 회사)의 '안정성(安定性)'이 엄청나게 흔들리고 있다는 것입니다. 1990년대에 공산주의가 망해서 체제의 적은 없어지고, 인터넷과 정보화로 자본주의의 생산력은 엄청나게 성장하고 그래서 바야흐로 이 세상에는 자본주의의 천년왕국이 열리는 것 같았지요. 그러나 현재 21세기의 세계는 어느 기업도 망할 수 있고 어느 은행도 망할 수 있고, 모든 나라가 언제 망할지 모른다는 경제적 위기와 불안에 직면하고 있습니다. 한국의 경제도 1997년에 한번 거의 국가적 파산 직전까지 몰렸었고, 미국도 2008년 리만사태로 시장이 거의 붕괴할 뻔 했었으며, EU로 경제통합을 이룬 유럽 또한 2011년 그리스 디폴트 위기 이후 나라를 돌아가면서 경제위기가 돌림노래를 부르고 있습니다.

우리나라는 1997년의 IMF 경제위기로 거의 모든 금융기관이 망하거나 공적자금으로 연명하고 30대 대기업군의 절반이 망하거나 법정관리에 들어가 그룹이 해체되는 경험을 했습니다. 기업이 언제든지 망할 수 있다는 불안감과 초조함에 싸이게 되자, 그 이후로는 노동시장의 유연화라는 이름으로 노동시장이 급격히 열악화되어서, 이제 한국에서는 먹고 사는 일의 차이가 기업주와 노동자의 대립구조보다도, 정규직과 비정규직의 대립구조를 중심으로 논의되고 있습니다. 전에는 '직장 안에 있는 사람들'의 먹고 사는 일, 노동조합운동이 진보적인 의제의 중심이 되었었는데, 이제는 '직장의 울타리 경계에 있는 사람'들의 집단적인 '미생(未生)' 문제가 진보적인 의제의 핵심 문제로 느껴지고, 정규직 노동자의 먹고 사는 조건은 오히려 상대적 부러움의 대상이 되고 있으나, 그렇다고 해서 정규직은 안전한가 하면 그렇지도 않습니다. 농업시대에는 지주이든 소작인이든 땅에 자리를 잡는 것이 일차적인 과제였고, 산업화시대에는 사장이든 노동자이든 직장에 자리를 잡는 것이 일차적인 과제였다면, 지금의 정보화시대에는 기업이든 개인이든 '시장에서 자기를 팔 수 있는 것'이 일차적인 과제로 되었습니다. '망할 수 있다'는 것이 기업이든 개인이든, 부자이든 가난한 사람이든, 큰 기업이든 작은 기업이든 '개인적 자기사랑'의 초조와 불안을 극대화시키고, 이웃사랑과 자기부인의 덕목을 여유 있게 논할만한 심리적 여유를 사람들로부터 빼앗고 있습니다. 땅은 지주와 농민으로 계급을 나누었고, 공장은 기업주와 노동자로 계급을 나누었다면, 시장은 '팔 수 있는 사람들'과 '팔지 못하는 사람들'로 계급을 나누는 것 같습니다. 그런데 시장의 성공은 누구에게도 계속 팔아먹을 수 있다는 확신을 주지 않기 때문에, 토지의 소유와 기업의 소유도 전처럼 절대적인 양식을 보장하지 않습니다. 그러므로 이 시대의 도둑질은 '땅이나 공장의 소유권'보다도 사람들이 '자기를 팔아서 살아갈 수 있는 권리'를 보장하는 문제에 관련된 것으로 보입니다.

한국에서 가령 변호사라는 직업을 생각해 보면, 전에는 사법시험에 합격해서 법조인이 되면 상당한 정도의 지위와 수입이 보장되었지요. 그러나 2010년경부터 매년 신규 변호사의 숫자가 두 배 안팎으로 증가된 이후에는 변호사라는 직업이 더 이상 안정적인 지위와 수입을 보장하는 것이 아니게 되었습니다. 일단 변호사가 되는 것도 쉽지는 않지만, 변호사가 된 후에는 '변호사로서의 능력'을 법률시장에서 팔아야 살아갈 수가 있습니다. '팔린다는 보장이 없어졌기 때문'에 지금은 모든 변호사들이 큰 법률회사이든 개인 사무소이든 모두 초조합니다. 한국에서 언론인이라는 직업을 생각해 봐도, 전에는 언론인들은 사회와 정치를 다루고 비판하면서 옳고 그른 것을 소신껏 다루는 사회의 공기(公器)라고 주장하였지요. 장기간 독재정권이 군림했던 한국에서 이 말을 곧이곧대로 믿는다면 순진함을 넘어서 조금 바보에 가깝겠지만, 어찌되었든지 과거에 언론인들이 권력의 압력 속에서 공적 소신과 양심을 지킬 것인지 말 것인지를 진지하게 고민했던 것만은 사실이라고 생각합니다. 그런데, 지금은 종이에 인쇄된 오프라인 신문보다 PC와 스마트폰 화면의 인터넷 포탈 뉴스를 더 많이 보는 조건에서 기존의 언론사이든 신규의 인터넷 매체이든 뉴스를 팔아서 생존할 수 있다는 보장은 누구에게도 없어진 것으로 보입니다. 이 생존의 불안과 초조는 아마 권력의 압박보다도 더 심하게 언론의 공적 기능을 왜곡시킬 가능성이 큽니다. '비겁한 언론'보다 '팔아야 사는 언론'이 더 위험할 수 있습니다. 우리는 이것을 2014년 4월 16일 세월호 사건 당시, 정부는 아무도 구조하지 않고 있는데 사상 최대의 구조작전이라고 알아서 정치적 용비어천가를 요란스럽게 불러댔던 한국 언론들의 (상업적인) 자발적 간신 노릇에서 목격한 바 있습니다.

나쁜 쪽으로 본다면, 일용할 양식과 관련해서 누구나 '망할 수 있고' 그래서 모두가 정신없이 '팔아야 하는' 지금의 시대는, 개인적 자기사랑의 초조와 불안을 극대화시키고 자기부인(自己否認)은 물론 다른 사람들에 대한 이웃사랑의 정신적 여유를 말살합니다. 지금은 어~하는 순간 인간의 모든 가치와 도덕률을 비웃고 오직 '강한 권력에의 의지'를 찬양하고 '약한 권력에의 의지'를 멸시하는 니체 류(類)의 극우주의 성향을 증폭시킬 위험이 높은 세상입니다. 성경으로 본다면 "말세에 고통하는 때가 이르러 모든 사람들이 자기를 사랑하며 돈을 사랑하며 자긍하며 교만하며 훼방하며" 온갖 악을 행할 것이라는 바울의 예언(디모데후서 3:1-5)이 실현되는 모습처럼 보이지요. 그러나 지금의 시대를 좋은 쪽으로 본다면, 사람의 먹고 사는 일에서 토지의 소유도 소용이 없고 공장과 기계의 소유도 소용이 없고, 모든 사람이 팔아서 성공할 수 있고 팔지 못해서 실패할 수 있는 자유의 평등이 도래한 시대라고 볼 수 있는 측면도 있습니다. '팔아야 사는 세상'에서 기업의 왕으로 기업의 평민들(근로자) 위에 군림하면서 비행기 일등석에서 땅콩으로 행패를 부리던 재벌가의 딸도, 직장의 평민(근로자)들이 시장에서 모자만 바꾸어 쓴 소비자로 '살 수 있는 능력'을 발휘해서 불매운동을 벌이면 시장에서 쫓겨나서 망할까 무서운 공포로 벌벌 떨면서 사과를 하고 용서를 빌지 않을 수 없다는 역설적인 민주주의성도 있다는 것입니다. 혼자서는 시장에서 불안하게 '을(乙)'로 서 있는 이 시대의 개인적 자기사랑들도 힘을 합치면 시장의 집단적 왕으로 '갑(甲)' 노릇을 할 수 있다는 이 시대의 역설은 '집단적 자기사랑'이 다시, 다른 방식으로, 이 시대의 문제들을 해결하는 길을 찾아낼 방향성을 시사해 줍니다.

마. 사적 인생과 공적 인생의 관계 = '해석론적 인생'과 '입법론적 인생'

어찌되었든지, 고독하고 자기 스스로 책임을 져야 하는 인간의 개인적 자기사랑은 삶의 주어진 틀에서 자기 손으로 자기와 가족의 일용할 양식을 구하며 살아야 합니다. 사회적이고 경제적인 불의와 악을 지목하고 고쳐나가는 일만 하고 살기에는 삶이 너무 짧고, 인생은 너무 거칠고, '목구멍이 포도청'이고, 하여간 이것저것 만만치가 않습니다. 그래서 세상을 비판하고 세상의 불의와 부조리를 원망하는 마음이 우리 마음속에 가득하더라도, 우리는 일단 주어진 틀에서 거기에 맞추어 일을 하고 돈을 벌어가면서 입법론적 인생이 아닌 '해석론(解釋論)적 인생'을 우선 살아가야 합니다. 농업시대에는 땅에 자리를 잡아야 하고, 산업시대에는 직장에 자리를 잡아야 하고 오늘의 시대에는 시장에서 자리를 잡아서 먹고 살 양식을 구해야 합니다. 정치적 민주주의는 이론상 모든 사람이 평등하다고 하지만, 경제적 자본주의에서는 현실적으로 모든 사람이 평등하지 않습니다. 땅을 소유하거나 기업을 소유하거나 시장에서 잘 파는 사람들이 훨씬 더 강력한 힘을 가지고 있고, 땅에 의탁해야 하고 기업에 취직해야 하고 시장에서 아직 자리를 못 잡은 사람들은 경제적 강자들의 지배를 받고 횡포를 감당하고 눈치를 보면서 시키는 대로 일을 해야 합니다. (나와 너와 우리를 포함해서) 나쁜 사람들이 벌이는 못된 짓은, 사람이 사람을 고의적으로 또는 과실로 해치는 악은, 소수가 힘을 독점하고 남용하는 폭력은, 국가의 공적 권력에만 있는 것이 아니고, 우리의 사적 인생 속에, 땅과 직장과 시장 속에 가득 흘러넘칩니다. 우리는 이 사적 악과 불의와 폭력의 피해자이기도 하지만 동시에 가해자이기도 합니다. 어리고 젊을 때에는 피해자일 가능성이 크고 나이를 먹어 어른이 되고 힘이 생기면 점잖고 착한 사람들도 무심한 가해자로 변신을 합니다. 이것이 일용할 양식을 구하는 우리 사적 인생의 조건이고 우리 사적 인생의 현실입니다.

하지만 시키는 대로 열심히 일을 한다고 해서, 우리 인생이 성공한다는 보장이 없습니다. 생산력이 이렇게 발전했는데, 훨씬 더 좋은 물건과 서비스들을 훨씬 더 싼 값에 구입하고 아이폰에 갤럭시에 내 손에 PC를 붙잡고 소비하고 즐길 수 있는데, 사람들의 인생과 자기사랑은 훨씬 더 불안하고 초조하고 막막하고 안심이 되지 않습니다. 국민총생산(GDP)는 수 배 수십 배로 늘어났는데 삶의 조건이 더 좋아졌느냐고 묻는다면 그 답은 '글쎄' 보다는 '아니오' 쪽에 가깝습니다. 경제가 성장을 하지 않아도 곤란하지만, 경제가 성장을 한다고 해서 사람들에게 혜택이 돌아간다는 보장도 없습니다. 절망을 해서 조선을 떠나자고 하지만, 헬조선을 떠난다고 어디에 더 좋은 행복의 나라가 있는 것도 아닙니다. 그래서 우리는, 개인적으로 안 되는 일은 집단적으로 길을 찾아야 합니다. 개인적으로도 최대한 열심히 살면서, 집단적으로 뭔가를 고치고 바꿀 수 있는 기회를 호시탐탐 노려야 합니다. 공적인 일들을 내가 모르는 척 하고 네 마음대로 해라 하고 살면, 아무도 나의 고통을 헤아리고 나의 눈물을 닦아주지 않습니다. 하나님은 우리의 눈물을 닦아주시기 위해서, '너희들 스스로 자기를 사랑하듯이 자기를 부인하고 이웃을 사랑' 하며 '하나님의 뜻이 하늘에서 이룬 것처럼 땅에서도 이루어지도록' 하나님께 기도하고 나서, 너희 손으로 직접 땅에서 실천하라고 요구하십니다. 이것이 우리가 일단 주어진 틀에서 거기에 맞추어 일을 하고 돈을 벌어 가족과 함께 먹고 입고 자는 '해석론적 인생'을 우선 살아가면서도, 수시로 우리 주변의 정치경제적 환경을 둘러보고 나 혼자만이 아닌 집단적인 노력으로 민주주의 절차를 통해서 우리 삶의 조건과 제도와 정책을 바꾸어가는 '입법론(立法論)적 인생'을 함께 살아가야 하는 이유입니다.

4. 민주주의와 일용할 양식 – '광장'을 통해 공적으로 먹고 사는 일 (입법론적 인생)

"민주주의가 밥 먹여주느냐?" 이 질문은 경제생활의 반민주주의적이거나 비민주주의적 의문을 보여줍니다. 이제 이 질문에 대한 답을 한다면, "민주주의는 밥을 먹여줄 때도 있고 / 밥을 먹여주지 않을 때도 있다"는 것입니다. 민주주의가 밥을 먹여줄 때에는 사람들의 집단적 자기사랑과 경제적 욕구가 민주주의를 지지합니다. 그러나 민주주의가 밥을 먹여주지 않을 때에는 사람들의 집단적 자기사랑과 경제적 욕구가 민주주의에 무관심하거나 민주주의를 귀찮아하거나 때로는 싫어하기까지 합니다.

가. 민주주의와 농민들의 일용할 양식

'땅'의 시대와 관련하여, 왕정 사회에서 민주주의 사회로 넘어가는 시민적 민주주의 혁명의 시기는 확실히 '민주주의'가 사람들의 '집단적으로 일용할 양식을 구하는' 기도에 대한 만족이자 응답이라는 측면을 보여줍니다. 왕과 귀족 신분들만 땅을 소유하는 제도 속에서 농민과 평민으로 수 세기, 수십 세기동안 '개인적으로 일용할 양식을 겨우 구하는 노동'으로 살아오던 사람들이 평민의 토지소유권을 주장하면서 '집단적으로 일용할 양식을 구하는 투쟁'으로 경제생활의 틀을 바꾼 것이지요. 우리가 민주주의 혁명으로 영지를 잃어버린 왕이나 귀족에게 감정이입을 하면 특권적 토지소유를 반대하는 민주주의가 영 불편하겠지만, 우리가 민주주의 혁명으로 땅을 얻는 농민들 쪽에 감정이입을 하면 토지소유의 자유와 평등을 실현시킨 민주주의는 "가난한 자에게 복음을 전하고 포로된 자에게 자유를 전파하며 눌린 자를 자유케 하는(누가복음 4:18)" 예수님의 복음처럼 느껴집니다.

그러나 일단 집단적 노력으로 토지를 소유하게 된 자영농들에게는 다시 새로운 민주주의 제도의 틀 위에서 '개인적인' 생존과 성장을 추구하는 경향, 즉 "민주주의가 밥을 먹여주느냐?"는 경향이 생기게 됩니다. 이것이 역사적으로 많은 나라에서 나타나는 농민 계층의 보수주의입니다. 한국에서는 일제시대에 진보적이었던 소작농들이 해방과 한국전쟁을 거친 후에는 수십 년 간 여촌야도(與村野都)라고 해서 보수 정당을 지지하는 농촌의 정치적 기반을 제공했었습니다.

나. 민주주의와 기업가들의 일용할 양식

기업과 공장을 통한 '직장'의 시대와 관련해서도, 왕정에서 민주주의 사회로 넘어온 민주주의 혁명은 자본가 계층과 노동자 계층에 공히 일용할 양식을 구하는 기도를 응답해 주고, '민주주의가 밥을 더 먹을 수 있게 해 준' 측면이 있습니다.

첫째 기업가 계층과 '민주주의의 밥' 문제를 검토해 봅니다. 시민이나 평민이 기업을 만들어서 물건을 만들고 시장에서 팔면서 경제생활을 영위하는 자유는 왕정사회에는 광범위하게 존재하지 않았고 귀족신분을 중심으로 하는 특허나 면허제도로 제약되었습니다. 따라서 자본가나 기업가가 생산과 판매를 통해 자기사랑을 극대화하는 자유는 확실히 특권을 배제하는 민주주의 제도를 통해서 훨씬 더 나아진 바 있습니다.

그런데 일단 왕과 귀족계급이 사라진 후의 민주주의 사회에서는, 기업가와 자본가들이 '왕정의 왕이나 귀족들이 없어진 자리에서 그들 대신 민주주의 사회의 경제적 왕이나 귀족이 된 것 같은 느낌으로' 민주주의 헌법의 평등권이 정치적 평등을 넘어 경제적 평등으로까지 전개되는 것을 꺼려하고 저항하는 보수적이고 소극적인 태도들을 나타내게 됩니다. 이것은 즉 "(경제적) 민주주의는 (기업가들이) 밥을 조금 먹게 만든다."는 반응이 되는 것이지요. 이래서 자본주의 시장경제를 취한 민주주의 사회에서는 계속적으로 보수적인 집단적 자기사랑이 진보적인 집단적 자기사랑과 정치적 싸움을 벌이게 됩니다. 이 보수주의는 당연히 자본주의 체제를 통한 기업의 자유 자체를 '부정(否定)'하는 공산주의를 반대하는 반공주의의 입장에 철저하고, 또 (역시 당연히) 자본주의 체제를 인정하면서도 기업의 자유에 대한 '제한(制限)'을 주장하는 '비공산주의적 진보주의'도 싫어합니다. 보수주의가 비공산주의적 진보주의를 민주주의 사회를 함께 살아가는 이웃 집단으로 생각하고 공존할 줄을 알면 민주주의의 건강한 한 축을 이룰 수 있으나, 기업의 자유에 대한 공적 제한을 주장하는 비공산주의적 진보주의의 의제와 정당과 지지자들 일체를 용공, 종북, 좌익으로 척결(剔抉—살을 도려내고 뼈를 발라냄)하고 분쇄(粉碎—가루처럼 잘게 부스러뜨림)하겠다고 나서면, 민주주의 사회에서 함께 살아가는 '이웃을 부인(否認)하고 제거(除去)'하려는 극우적이고 파시즘적인 민주주의의 적으로 전락하게 됩니다.

'보수와 극우의 경계가 애매하다'는 점이 민주주의 사회 속의 정치적 보수주의에 내재하는 위험입니다. 특히 이것은 일제시대와 독재시대를 거치면서 민주주의적 감성이 부족하고 거꾸로 왕당파적이고 독재적인 감성을 풍부하게 가지고 있는 대한민국의 보수주의가 스스로를 심각하게 돌아보고 고쳐야만 하는 내용입니다. 정치적인 보수주의 자체는 인간의 본성적인 자기사랑과 순수한 욕망의 솔직한 표출로서 객관적으로 이해되고 인정될 수 있다면, 정치적으로 보수적인 '기독교인'들에게는 그 분들이 기독교인이라는 주관적 정체성 때문에 조금 다른 차원의 문제가 발생합니다. 한국에서 극우 보수집회의 선봉에서 태극기와 찬송가를 함께 휘날리는 일부 정치적으로 (극렬하게) 보수적인 기독교인들은 그분들의 기독교 신앙이 집단적으로 '이웃(진보)을 사랑하고 / 자기(보수)를 부인하는' 예수님의 말씀에 부합하는 기독교 신앙인지, 아니면 집단적으로 '자기(보수)만 사랑하고 / 이웃(진보)을 부인하는,' 예수님 말씀과는 거리가 먼 기독교 신앙인지, 성경을 앞에 놓고 곰곰이 생각을 해 볼 필요가 있습니다.

다. 민주주의와 노동자들의 일용할 양식

둘째, 노동자 계층과 '민주주의의 밥' 문제를 검토해 봅니다. 정치적 민주주의 혁명이 이루어진다고 해서, 노동자들의 경제적 권리가 자동적으로 보장되고 보호되는 것은 아닙니다. 그래서 어느 나라든지 민주주의의 자유와 평등권이 노동자 계층의 고용과 노동에 관한 집단적 권리로 보호되기까지는 오랜 기간의 사회경제적 민주주의 운동이 필요했습니다. 소유권 절대와 계약자유의 원칙을 절대시하는 민법의 질서에 더해서 '이웃사랑과 경제적 약자의 보호'라는 원리에 따른 근로기준법과 노동조합법으로 피고용자의 직장에 대한 권리와 노동조합의 집단적 파업권이 인정된 것은, 당연히 민주주의가 '노동자 계층의 집단적 일용할 양식'의 안정화와 증대에 기여한 것입니다. 노동삼권이 인정되기 전에는 임금을 올려달라고 조금 주장하는 것만 가지고도 감옥을 가고 해고를 당했었는데, 노동삼권이 인정된 후에는 임금을 올려달라고 합법적으로 요구도 하고 파업도 할 수 있게 되었기 때문에, 이것은 당연히 '민주주의가 밥 먹는 일에 도움을 주는' 대표적 사례에 해당합니다.

공산주의는 이념적으로는 노동자 계층이 스스로 모든 것을 소유하고 지배하는 사회를 만든 것인데, 결국에는 자본주의 체제와 '밥을 먹는 경쟁'에서 패배해서 무너졌습니다. 직접적으로는 동시대(同時代)의 자본주의에 패배한 셈이지만, 넓게 보면 결국 '인간의 이기심과 자기사랑'의 개인적 독립성을 전제로 세워지고 움직이는 통(通)시대적 세상의 모든 체제에 패배한 것으로 볼 수도 있습니다. 이념적으로 '개인의 이기심이 없는 공동체적 사랑과 이웃사랑의 왕국'을 세우려던 공산주의는 결국 추상적인 이웃사랑보다 구체적인 자기사랑에 먼저 집중하는 인간의 본성을 거스른 것이고, 그 결과 '우리의 양식을 위해 노동하자는 공산주의'는 그 속의 사람들에게 '남의 양식을 위해 노동하는 체제'로 인식되어 '나(자기)의 양식을 위해 노동하는 자본주의'의 열심에 이길 수가 없었던 것입니다.

21세기 노동자 계층과 진보주의의 어려움은 노동자 계층의 '집단적 응집력(凝集力)'이 떨어진 것입니다. 한국에서 1998년부터 2007년까지 있었던 민주당 정권이 이념과 정강에 있어서 진보주의 정권이라고 하기는 어렵겠지만, 하여간 현실적으로 서민과 노동자 계층을 지지기반으로 했던 두 번의 민주당 정부가 한번은 IMF에서 회복하는데 집중하느라 (김대중 정부), 한번은 세계화와 FTA의 추세에 떠밀려서 (노무현 정부), 번듯한 진보적 노동의제 하나 성공적으로 추진하지 못하고 끝났던 것이 이 어려움을 보여줍니다. 이 기간 동안 우리나라에서 복지제도가 획기적으로 개척되거나 확충된 것은 분명히 진보주의의 성과라고 볼 수 있습니다만, 복지제도는 진보적 의제 중 조금 더 순수하고 일반적인 '이웃사랑의 영역'에 해당하고 노동자 계층의 시대적 '집단적 자기사랑'이 무엇인지를 확정하고 구체적으로 추진하는 것과는 다른 영역인데, 소위 진보정권에서 노동자들의 집단적 권리가 전진하기는커녕 더 후퇴한 것으로 보이는 것은 이 시대에 민주주의가 노동자 계층의 밥을 어떻게 보호하고 보장할 것인가 하는 문제를 제대로 풀기가 도대체 어렵다는 것을 보여줍니다.

라. 민주주의와 '팔아야 사는 사람'들의 일용할 양식 - 21세기 보수와 진보의 고민과 혼란

이제 「기업의 불안과 노동계급의 약화 내지 해체라는 21세기의 민주주의 상황에서, 모든 사람이 모든 것을 시장에 내다 팔아야 살 수 있는 오늘의 현실에서, 민주주의와 집단적인 자기사랑이 사람들의 먹고사는 일에 관련된 고통에 어떤 집단적인 돌파구를 찾을 수 있는가?」라는 문제를 생각해 봅니다. 앞에서 본 바와 같이, 21세기의 현실에서 세계적 경쟁 속에 놓여있는 기업들은 계속 물건과 서비스를 팔 수 있다는 것에 대한 확신을 갖기가 어려워져서, 더 심하게 '기업 단위의 자기사랑으로 움츠려들고,' 사회적 책임이나 사회적 제한에 소극적이거나 저항적으로 되고 있습니다. 그리고 정보화의 속도감은 가장 집단적 응집력이 강한 생산직 산업노동자 계층을 현격하게 약화시키고, 서비스 내지 사무노동자 계층도 점점 자동정보화기계로 대체해 나가고 있습니다.

결국 세계적 경쟁에 대한 기업의 불안과 정보산업의 발전으로 인한 일자리의 소멸 위협은, 21세기 민주주의 사회에서 서민과 노동자 계층의 '일용할 양식'에 관한 주장과 권리를 (개인적인 차원과 집단적인 차원 모두에서) 약화시키는 가장 큰 어려움입니다. 이것으로 인한 신규 세대와 노동자 계층의 좌절감이, 한국에서 '헬조선'이란 절망적인 표현처럼 현실에 대한 강한 불만족과 미래에 대한 비관적 전망으로 나타나고 있습니다. 정치가 경제의 문제를 다 통제할 수는 없기 때문에, (i) 전통적인 보수의 의제인 규제완화가 이 문제를 해결할 것 같지도 않고, (ii) 전통적인 진보의 의제인 복지와 분배의 노력이 이 문제를 해결할 것 같지도 않다는 이중의 무력감이 강하게 확산되고 있었습니다.

그러나 결국 민주주의의 힘과 순기능(順機能)은 (i) '개인적인 자기사랑'이 한계에 부딪칠 때에, (ii) 이를 극복하기 위한 '집단적 자기사랑'과 '이웃사랑'의 필요성이 '집단적으로 자기를 주장(主張)'해서, (iii) 그에 대한 '사회의 응답과 노력을 강력하게 요구(要求)할 수 있다'는 것입니다. 따라서 현재 21세기의 변화되는 상황으로 인해서 고통받는 사람들은, 개인적(個人的)으로 포기하고 절망하는 것보다, 민주주의와 정치의 과정을 통해서 그 고통을 해결하고 완화시키는 방향으로의 상황 변화를 집단적(集團的)으로 요구하고 관철시키려는 노력을 전개하는 것이 필요합니다. 이 점에서 민주주의는 여전히 인간의 집단적 절망에 대한 집단적 희망과 행동의 처방이 됩니다.

2016년 11월 이후 한국의 박근혜 사태는 '미생(未生)의 확대'라는 사회상황에서 헬조선으로 탈출하려던 한국의 신규 청년 세대가, '집단적인 노력으로 세상의 일들을 바꿀 수 있다'는 것을 집단적이고 긍정적으로 경험했다는 점에서 큰 의미가 있습니다. 헬조선을 어떻게 바꿀 수 있을지 얼마나 바꿀 수 있을지는 역시 미지수이지만, '그래도 포기하지 않고 바꾸는 것을 시도해 볼 수 있겠다'는 희망과 자신감을 가지게 되었다는 것이 중요합니다. 특히 박근혜 사태를 통한 한국의 2016~2017년 경험은 한 세대 전체를 '민주주의적 가치의 회복'이라는 적극적인 요소와 밀접하게 결합시켰다는 점이 더욱 건강한 면입니다.

한편 미국의 트럼프 사태에도, '21세기 민주주의의 위험에 대한 심각한 우려'와 함께 '21세기 민주주의의 궁극적인 반성에 대한 기대와 경고'를 주는 면이 일부 있습니다. 트럼프 사태는 (i) 미국에서 이백 년 이상 동안 축적해 온 헌법적 민주주의의 도덕적 가치들과 다스리는 자의 진지하고 신중한 덕목 등이 완전히 무시된 점, (ii) 자기사랑과 욕망의 노골적인 주장과 이웃과 소수자에 대한 벌거벗은 배척과 증오의 목소리가 위악적(僞惡的)으로 선포된 점 등 수많은 문제점과 위험들을 야기하고 있습니다. 그럼에도 불구하고 이 속에서 유일하게 긍정적인 요소를 찾는다면, 그것은 '세계화와 정보화로 뒤로 밀려난 (Left behind) 사회계층의 반항이, 21세기의 필연적으로 보이던 흐름에 대한 브레이크를 걸었다'는 점입니다. 해결할 방법도 없이 백인 노동계층의 분노를 자극해서 이용해먹은 미국의 공화당도, 세계화의 흐름을 어쩔 수 없는 것으로 포기하고 진지하게 고민하지 않다가 전통적인 자당 지지계층의 이탈에 한 방을 먹은 미국의 민주당도, 결국 이 문제를 금방 해결하는 방책을 찾아내지는 못할 것입니다. 그러나 이 사건에는 '21세기의 정보화와 세계화로 의지할 곳이 없이 막막해지는 다수의 사람들이 그냥 개인적으로 절망하고 비관하면서 당하고 끝나지는 않을 것'이라는 점을 선거로 경고한 민주주의의 절차적 제어기능을 보여준 면이 있습니다.

비록 미국의 트럼프 사태가 '극우적인 자기사랑의 폭주'와 '사회적 이웃에 대한 공격성'을 확산시키는 것에 대한 명백한 우려를 낳고 있지만, 다른 한편으로는 중장기적으로 이런 집단적 저항이 모든 정당에 대해서 시대의 경쟁체제와 고용소멸로 인한 고통에 대해서 적극적이고 현실적인 해결책을 찾아낼 것을 민주주의 절차를 통해 정치적인 숙제로 '강요'한다는 긍정적인 요소가 부분적으로 존재합니다. 경제의 오작동(mal-function)에 대한 정치의 시정(是正) 요구인 셈입니다. 경제체제가 '뒤에 쳐진 이웃을 사랑하지 않고 버리려고 하면', 민주주의가 거꾸로 '우리들을 사랑하라'고 집단의 힘으로 요구하는 것이지요.

인류 역사상 '가장 많은 일용할 양식'을 만들면서도, '모두가 그 양식을 들고 불안하고 초조해서 미친 듯이 달려 나가는 것'이 금시대의 역설적인 양식(糧食) 문제이자 이 세대의 절망적 고민입니다. 이 문제를 해결하거나 고통을 경감시키는 길 또한 (지난 수세기 동안 민주주의가 인간의 고통을 여러 가지 모습으로 해결하고 도와줘 왔듯이) "사람들의 집단적 자기사랑들이 / 자유롭고 평등하게 자기를 주장하고 서로 다투면서 / 함께 살아가는 길을 찾아내는" 민주주의 제도를 통해서만 가능해질 것으로 생각합니다.

엄청나게 많은 것을 만들어내서 팔아대는 시대에, 자신을 팔지 못해서 고통에 빠지는 사람들이라는 역설은 이 시대의 가장 큰 암담함이지만, 팔아야 굴러가는 시대는 동시에 그 물건들을 받아 사는 사람들이 있어야 굴러간다는 동전의 반대면을 가지고 있습니다. 그러므로 '개인적으로는' 파는 시장(selling market)의 을(乙)로서 아무런 경제적 권력이 없는 사람들이, 동시에 '집단적으로는' 사는 시장(buying market)의 갑(甲)으로서 경제적 권력을 행사할 수 있습니다. 팔고 사는 원리는 경제의 시장뿐만 아니라 정치의 시장에서도 마찬가지로 적용될 수 있습니다. 정당이나 정치세력이 민주주의라는 정치적 시장의 정치적 판매자라면, 선거권을 가진 국민은 민주주의라는 정치적 시장의 정치적 구매권력이라는 측면이 있습니다. 이 정치적 구매권력은 선거라는 시장에서 박근혜 대통령이나 트럼프 대통령 같은 정치적 불량품을 살 수가 있지만, 그 정치적 불량품을 리콜 처리할 수도 있고, 다음 선거에는 정치적 우량품으로 교체할 수도 있으며, 정치적 판매자들에게 원하는 정치적 상품을 의제로서 요구하고 관철시킬 수도 있습니다. 21세기 초반에 보수의 폭주와 진보의 애매함이라는 혼란을 경험하고 있는 이 집단적 국민 권력이, 앞으로 민주주의라는 정치적 구매의 시장에서 '현재의 고통과 불안과 초조함을 해소하거나 경감할 수 있는 정치적 우량 상품의 창출과 정치적 구매'라는 적극적인 방향으로 현명하게 행사될 수 있다면, '지극히 높은 생산성으로 인한 지극히 낮은 생존의 안정성'이라는 21세기의 역설적인 경제적 비극을 민주주의라는 정치적 장치를 통해 극복해 나가는 것도 전혀 불가능한 환상은 아니라고 생각합니다.

마. 민주주의가 밥을 '금방' 먹여주지는 않는다는 사실

마지막으로 한 가지 강조할 필요가 있는 것은 '민주주의가 밥을 먹여주는 것'은 맞지만, '민주주의가 금방 밥을 먹여줄 것이라고' 지나친 기대는 하지 않아야 한다는 것입니다. 정치적 민주주의의 문제는 오히려 실천하기에 쉬운 면이 있지만, 경제적 민주주의 또는 경제적 생활의 개선은 사람들이 착하게 마음을 먹고 좋은 정책을 찾아 쓴다고 해서 금방 결과를 낼 수가 있는 것이 아닙니다. 그리고 사람들의 개인적 인생이 살아가면서 겪고 부딪치는 인생의 질곡들은 어떤 정권과 어떤 민주주의 할아버지가 온다고 해도 완전히 해결될 수는 있는 성질의 것이 아닙니다. 민주주의는 '최선을 만드는' 제도가 아니라, '최악을 피하고' 악을 최대한 줄이는 제도이기 때문입니다. 그러니까 보수적인 정권이 권력을 잡아도 사람들은 살기가 어렵다고 느끼고, 진보적인 정권이 권력을 잡아도 사람들은 살기가 어렵다고 느끼지, 결코 모든 사람들이 어느 정권의 정치와 정책을 통해서 정말 즐겁고 살만하고 행복하다고 느끼는 일은 없습니다.

이것 때문에 민주주의 사회에서는 정치를 못 해도 정권이 바뀌지만, 정치를 잘 해도 정권이 바뀝니다. 사람들의 인생은 누가 정치를 하더라도 기본적으로 80% 정도는 변함없이 괴롭고 불만스럽기 때문입니다. 민주주의에 대한 열정이 민주주의에 대한 과도한 기대가 되면, 곧 민주주의에 대한 성급한 실망을 낳게 되고, 이것은 결과적으로 민주주의를 해치고 사람들의 삶을 불필요한 절망과 비관으로 밀어 넣을 수 있습니다. 그래서 우리는 민주주의에 대한 열정과 민주주의에 대한 냉정과, 민주주의에 대한 기대와 민주주의에 대한 의심을 함께 가지고, 뱀처럼 지혜롭고 또 비둘기처럼 순결하게 민주주의를 대하고 다루어야 합니다.

결론적으로 '우리에게 일용할 양식'을 구하는 주기도문의 첫 번째 인생 기도는 '나의 일용할 양식'을 열심히 구하고 '다른 사람의 일용할 양식'도 존중하면서 '우리가 함께 살아가는 일용할 양식'을 만들고 나누는, '자기사랑과 이웃사랑과 자기부인이 공존하는' 경제적 민주주의를 요구합니다.

'훔치지 말라'는 제8계명 또한 사람들의 땅과 기업에 대한 소유권만 절대불가침으로 존중해야 한다는 조그만 명령이라기보다는, 일용할 양식을 구하기 위해서 사람들이 가지는 여러 가지 대립하는 권리들, 즉 (i) 땅을 둘러싼 소유권과 경작권, (ii) 기업을 둘러싼 경영권과 노동권, (iii) 시장을 둘러싼 팔 권리와 살 권리, 시장에서 물건을 팔 권리와 시장에서 사람의 노동력을 팔 권리, (iv) 세상의 양식을 만들 권리와 세상의 양식을 함께 먹을 권리를, 나의 권리와 이웃의 권리로서 모두 존중하고 배제하지 않음으로써 '집단적 자기사랑과 개인적 자기 사람들이 서로의 존재와 고통과 권리를 서로 존중하는' 경제적 이웃사랑의 민주주의를 요구한다고 할 것입니다.

제4부
기독교와 민주주의 보론
기독교 신앙과 보수와 진보
– '사'와 '공'과 '초월'의 관계 및 혼동

1장. '민주주의'와 '보수와 진보'와 '기독교 신앙'

1. 민주주의

민주주의는 정치적으로 보수적인 사람들, 정치적으로 진보적인 사람들, 그리고 정치에 대해서 무관심한 사람들이 가급적 서로를 해치지 않고 (제6계명), 공적 권력을 맡아 가진 사람들이 그 권력을 자기의 개인적 이익을 위해서 오용하고 집단적, 당파적 이익을 위해서 남용하면서 지상의 심판권을 거짓되게 행사하는 것을 통제하고 심판하며 (제9계명), 모든 사람과 집단들이 자기의 일용할 양식을 구하기 위해 노력하면서 동시에 다른 사람들의 일용할 양식을 구할 권리를 존중하도록 하는 (제8계명), 우리들 삶의 틀입니다.

이 틀이 무너지면 사람들은 집단적으로 다른 집단과 개인을 극단적으로 해치게 되고 한 사회는 집단과 계층 간의 내전 상태로 돌입하며 (제6계명), 권력을 가진 자는 스스로 선악을 '아는' 나무가 되어 오로지 힘과 선전에 근거해서 노골적인 거짓을 진실이라고 우기게 되고 (제9계명), 사람들은 개인적으로든 집단적으로든 내 것 네 것 없이 서로가 극한적으로 경쟁하면서 나의 일용할 양식을 위해 타인의 일용할 양식을 무정하게 빼앗는 (제8계명), '이생의 지옥'을 만들게 됩니다. 민주주의가 무너진 이생의 지옥은, 그 안에 살아가는 사람들을 끝없이 이어지는 사적이고 공적인 시험에 빠지게 하고, 공적 권력이 뿜어내는 악은 사람들이 사적 삶에서 선을 행하고 악에 저항할 의욕까지도 모두 꺾어

버리며 (주기도문 제6청원: "우리를 시험에 들지 말게 하옵시고 다만 악에서 구하옵소서"), 온 세상을 이기적인 간신들과 표독한 간신들과 점잖은 간신들로 가득하게 합니다. 그래서 민주주의는 비록 우리를 하나님이 다스리는 이생의 천국으로 데려다 줄 완벽한 제도는 아니지만, 우리가 사탄이 다스리는 이생의 지옥에서는 벗어날 수 있도록 도와주는 제도로서, 현실적으로나 성경적으로나 우리의 삶에 절실한 가치가 있습니다. 2016년 10월 이후 2017년 3월까지의 박근혜 사태는 한국에 사는 대부분의 사람에게 그의 정치적 지향이 보수인가 진보인가를 막론하고 민주주의 제도가 무너질 때 어떤 악들이 살아나는지, 그리고 정치적이고 법적이고 경제적인 민주주의의 회복이 왜 우리 삶에 절실하게 필요한지를 알려주는 역사적 교육의 장이 되었습니다.

2. 보수와 진보

문제는 이렇게 민주주의의 필요성과 중요성을 함께 인식한다 하더라도, 사람들은 결국 또다시 정치적으로 보수적인 사람들과 정치적으로 진보적인 사람들로 나뉘어서 서로 다투고 서로 욕하고 서로 미워하고 서로 지긋지긋해 하면서 살아가게 될 것이라는 점입니다. 그래서 우리는 정치적으로 보수적인 사람들과 정치적으로 진보적인 사람들이 민주주의의 틀 안에서 함께 공존할 필요성이 있다는 것을 인정하는 데서 그칠 수 없고, 왜 어떤 사람들은 진보적이 되고 어떤 사람들은 보수적이 되는지 그 이유를 좀 더 설명하고 이해할 필요가 있습니다.

이렇게 해야 우리는 (i) 강경보수적인 사람들이 생각하듯이 진보적인 사람들은 모두 용공, 종북의 사회적 위험세력인지, (ii) 강경진보적인 사람들이 생각하듯이 보수적인 사람들은 모두 이기적이고 무정하고 불의를 사랑하는 사회적 악당들인지, 아니면 (iii) 서로 객관적인 이해관계가 대립되고 주관적으로도 상대방의 의제나 주장에 동의할 수 없으나 함께 미워하고 다투면서도 서로 대화하고 타협하면서 살아갈 가치가 있는지 여부를 따져 볼 수가 있게 됩니다. 그러니까 우리는 나의 생각이 절대적으로 옳고 상대방의 생각이 절대적으로 틀리다는 당파적 입장을 굳히기에 앞서서, 차분하게 '나는 왜 진보적인 생각을 가지는지, 나는 왜 보수적인 사람이 되었는지', '저 사람과 나의 정치적 생각은 왜 다르게 되었는지', '저 사람은 왜 멀쩡한 사람이 나와 다른 정치관을 가지고 있는지, 저 사람은 왜 성격이 못된 사람이 나와 같은 정당을 지지하는지'를 잘 따져보고 이해할 필요가 있습니다.

3. 기독교 신앙

필자도 진지하고 열심히 있는 기독교 신자이지만, 일반적으로 기독교인들이, 특히 기독교 지도자들이 옳고 그름에 대해서 주장이 강하고 독선적인 태도를 취하는 경우가 많다는 것은 부정하기 어렵다고 생각합니다. 이것은 사실 객관적으로 필연적인 일이라고 할 수 있습니다. 기독교 신자가 된다는 것은 기독교의 교의를 진리로 받아들이는 것이고, 종교 지도자들은 항상 무엇이 옳고 그른 것인지를 가르치는 것이 그 주된 업무이기 때문에, 일반 사람들보다 더 선과 악에 대한 주장이 강하게 되는 것은 자연스러운 일이기도 합니다. 문제는 이 기독교 신앙이 정치적인 보수주의나 정치적인 진보주의와 결합할 때 나타나는 현상들입니다. 정치적인 입장이 종교인의 신앙적 필터를 거치게 되면, 그의 정치적 입장이 '하나님의 뜻'이라는 정치적 옷을 입게 됩니다. 이렇게 되면 하나님이 '정치적으로 보수적인 하나님'과 '정치적으로 진보적인 하나님'으로 분열됩니다. 더 나아가면 정치적으로 진보적인 하나님과 정치적으로 보수적인 하나님이 둘로 나뉘어서 사람들에 이끌리어서 서로 싸워야 하는 일까지 생길 수도 있습니다. 이것은 말이 안 되는 일이지요. 하늘의 하나님을 땅으로 끌어내려서 보수당원의 옷을 입히거나 진보당원의 옷을 입히는 일은 하나님을 우리들 인간의 수준으로 떨어뜨리는 일입니다. 그러나 현실 속에서 많은 기독교인들은 자신의 정치적 입장과 신앙적 관점을 혼합해서 습관적으로 이 일을 합니다. 정치적인 보수와 정치적인 진보를 하늘에서 직접 가지고 내려오려고 하면 이런 일이 생깁니다.

땅은 사람들의 보수와 진보로 나뉘어 있어도 하나님은 보수와 진보로 나뉘어 있지 않습니다. 그래서 우리는 성경과 초월적인 신앙에서 막 바로 정치적인 보수와 정치적인 진보의 선악에 대한 결론을 내리려는 성급한 시도를 하지 않는 편이 좋습니다. 정치는 하늘의 '초월'적인 일이라기보다 흙으로 만들어진 사람들이 땅에서 일하고 경쟁하며 살아가면서 선악과를 따먹고 이런저런 죄를 짓고 서로 다투면서 살아가는 땅의 '사적'이고 '공적'인 인생에 우선적으로 관련된 일이기 때문입니다. 그러므로 우리가 정치적인 보수와 진보가 무엇인지, 우리의 기독교 신앙과 정치적인 보수, 진보는 서로 어떤 관련이 있는지에 대해서 따져볼 때에는, 하늘로부터 성급하게 답을 가지고 내려오려고 시도하는 것보다 땅의 일, 사람의 일에서부터 시작해서 천천히 문제를 풀어 올라가는 것이 옳다고 생각합니다.*

---

* 이하의 내용은 민주주의 사회 속에서 기독교인들이 정치적 보수주의와 정치적 진보주의로 갈라지는 원인을 이해하기 위해서 인생의 세 가지 영역인 '사와 공과 초월'의 상호관계 및 그 혼동에 관하여 분석한 글로, 필자의 책 '평신도의 발견-한국교회의 위기극복을 위한 회생계획(아포리아, 2015)' 중 제2부 '욕먹는 기독교의 원인'에서 다루었던 내용 중 일부를 이 글의 목적에 맞게 수정, 보완한 것입니다.

2장. 인생의 세 가지 영역
– 「사적 영역, 공적 영역과 초월적 영역」

　모든 사람은 삶 속에서 동시에 세 가지 얼굴(정체성)을 가지고 살아갑니다. 생활인(직업인), 시민(공민), 그리고 신앙인(종교인 또는 비종교인)으로서. '생활인'의 정체성은 나와 가족의 생활을 위해 일을 하고 돈을 벌고 가정을 꾸려나가는 인생의 사적(私的) 영역을, '시민'의 정체성은 사회 속에서 이웃과 다투고 협력하며 함께 살아가야 하는 인생의 공적(公的) 영역을, 그리고 '신앙인'의 정체성은 삶과 죽음의 한계를 보면서 그 너머의 초월적이고 영원한 것을 고민하는 인생의 초월적(超越的)이고 영적(靈的)인 영역을 의미합니다.

　모든 사람의 인생에는 사(私), 공(公), 초월(超越), 세 가지 삶의 요소가 다 들어있습니다. 그리고 이 세 가지 요소는 모든 사람의 사고와 행동에 의식적인 작용과 무의식적인 영향을 줍니다. 각 분야마다 서로 다른 원리가 작용하고, 사람들은 각 분야에서의 위치에 따라 다양한 컴비네이션(조합)의 신조를 가지고 행동합니다. ① 직업적 위치 (고용주/자영업/피고용인) × ② 정치적 신조(보수/자유주의·진보) × ③ 종교적 신념(개신교/천주교/불교/유교/이슬람교/무종교 등)

　기독교인의 삶과 신앙에도 이 세 가지 요소가 다 들어있습니다. 기독교인들은 기독교 신앙의 '초월'이 그의 '사'와 '공'을 거룩하게 규정하기를 희망하지만, 사실은 그의 개인적 '사'와 '공'이 그의 기독교 신앙관을 규정하고 왜곡시킬 수 있습니다. 기독교인의 '초월'이 '사'와 '공'을 이기면 기독교가 욕먹을 일이 없겠지만, 기독교인의 '사'와 '공'이 '초월'을 오염시키면 기독교가 왜곡되어 욕먹는 기독교가 발생합니다. 이러한 문제의식에서, 이하 '사'와 '공'과 '초월', 인생의 삼대 요소의 성격과 상호 관계 및 그 혼동에 관한 문제들을 검토해 보겠습니다.

3장. 사와 공, 보수와 진보

1. '사(私)'의 힘

'사람은 누구든지 빵이 없으면 살 수가 없습니다.' 누구나 자기 손으로 땀을 흘려 일하고 돈을 벌어야 자신과 가족의 생존과 생활을 유지할 수 있습니다. 먹고 사는 '사(私)'의 일은 모든 인생의 기본이자 숙명입니다. 이 세상을 떠나기 이전에는 누구도 이 '사'의 영향권에서 자유롭게 벗어날 수가 없습니다. 이것이 인생의 사적(私的) 영역이 가지는 압도적인 힘의 근거입니다. 인생의 사적 요소는 땅에 바짝 붙어있는 현실적인 욕망의 영역입니다. '사'는 개인주의적이고 이기적이며 선악의 경계가 분명하지 않은 성악설적 세계입니다.

우리나라 인구 5천만 명 중 경제활동인구는 약 2,500만 명 정도입니다. 그 중 90% 이상 대부분의 사람들은 '사농공상(士農工商)'의 네 분야 중 농공상(農工商), 물건이나 서비스를 만들고 판매하는 사적(私的) 생업에 종사합니다. 사농공상 중 '사(士)'는 다스리고 가르치는 사람들입니다. 약 100만 명에 달하는 공무원과 정치인/언론인/교육자 등 공(公)적 기능을 다스리는 직업과 초월적인 일을 다루고 가르치는 종교인/성직자들이 있습니다. 이들도 당연히 그가 하는 공적이거나 영적인 일을 통해서 돈을 벌고 가족의 생활을 영위해야 합니다. 그러므로 공(公)적 기능에는 그 일을 하는 사람의 사(私)적 이해관계가 암암리에 반영됩니다. 그리고 원활한 공(公)기능의 수행은 그 일을 하는 사람들의 사(私)적 생존과 생활의 직업적 보장이 없이는 뒷받침되기 어렵습니다. 초월(超越)적인 종교인의 직업에도 사(私)가 숨어있고 그 결과 종교의 초월(超越)적 가르침은 종교인이나 종교기관의 사(私)적 측면에 의해서 오염되거나 왜곡될 수 있습니다.

2. 사와 공의 관계, 보수와 진보의 방정식

가. 공의 중요성과 사의 규정력

사(私)적으로 살아가는 사람들은 모여서 '공(公)'을 만듭니다. '사람은 누구도 사회의 공적 기능과 공적 정의의 보호 없이는 살 수가 없습니다.' 사회의 공적 기능과 공적 정의는 (i) 사람의 생존의 조건을 제공하고 (ii) 사람 사이에 재화를 재분배하며 (iii) 각 사람의 인격적 자유와 존엄성의 수준을 규정합니다. 그러므로 '사적(私的)'으로 먹고 사는 일에 힘쓰는 사람들에게도 정치의 공(公)적 영역은 결코 무관심의 영역이 될 수 없습니다. '공'이 '사'를 보호하지 못하는 경우, '공'이 '사'를 부정하는 경우, '공'이 '사'에 압도당해서 무력화된 경우에는 공동체적으로 사람들의 인생이 무너지고 비참해집니다. '사'만으로 '사'가 지켜지는 것이 아니고, '공'을 통해서 '사'가 지켜집니다.

(i) 우리 민족 전부가 다른 민족의 종이 되어 짓밟히며 살아야 했던 일제 식민지 시대, (ii) 포탄과 총탄 앞에 생명이 부초(浮草)와 같았던 전쟁시대, (iii) 사람들의 눈과 귀와 입가 모두 막히고 팔과 다리의 자유가 묶였던 독재시대는 '공'이 '사'를 보호하지 못하거나 억압하는 경우였습니다. (iv) 소비에트 공산주의는 모든 사람이 '공(公)'만으로 살 수 있

다는 착오로 '사(私)'의 영역을 전부 금지했다가 되돌아온 '사'의 반란으로 무너진 제도이고, (iv) 미국의 2008년 리만 경제위기는 '사'에 압도당한 '공'이 '사'에 대한 규제를 포기했기 때문에 발생한 참사였습니다. 인생의 공적 요소는 땅에서 조금 떨어져 대기 중에 떠 있는 현실과 이상 사이의 중간 영역입니다. '공'은 '사'보다는 다소 공동체주의적이고 이타주의를 주장하며 선악에 대한 다툼이 치열하게 벌어지는, 성선설적인 세계와 성악설적인 세계가 혼합된 공간입니다.

사회의 공적 기능에는 '협력하는 공'과 '다투는 공'이 있습니다. 비당파적이고 협력적인 공(公)은 사람들의 생명을 보호하고 사적 생활의 환경을 제공합니다. 당파적이고 다투는 공(公)은 사회의 재화를 재분배하는 문제와 사람들의 인격적 자유와 자율의 수준을 확대 또는 축소하는 문제를 두고 치열하게 다툽니다. 사적 생업에 힘쓰는 사람들도, 공동체 수준의 생존과 자유가 억압되는 식민지배와 독재에 대해서는 비당파적으로 민족 내지 국민 단위의 공동체적 항쟁을 벌입니다. 공동체적 생존과 자유가 어느 정도 보장되는 민주주의 선거 제도가 굴러갈 때에는 시민들이 각자의 경제적 이익이나 정치적 신념에 따라 때로는 온건하게 때로는 격렬하게 선거철을 중심으로 보수정당이나 자유주의·진보정당 중 한편을 지지하면서 당파적인 정치적 의사표시와 행동을 전개합니다.

인생의 사적 측면과 공적 측면이 관계를 맺는 방식은 일면 단순한 것 같으면서도 매우 복잡하고 미묘합니다. 국가나 민족 간의 분쟁에서는 기본적으로 공동체와 공동체 간에 '공적(公的)' 대립전선이 형성됩니다. 여기에서 약한 공동체의 구성원 중 자신들의 사적(私的) 이익을 추구하여 강한 공동체로 투항하는 자가 나옵니다. 일제식민지배에 협력한 친일파의 경우입니다. 그 결과 점령한 민족의 강경보수파는 민족주의 성향이 완강한데 점령당한 민족의 강경보수파는 민족의식이 박약한 현상이 나타납니다.

한 사회 내부의 정치적 공적 논쟁은 보통 보수와 진보 간의 대립으로 나타납니다. '보수'와 '진보'에 대해서는 여러 가지 정의가 있지만, 이하에서는 통용되는 관념에 따라 「보수(保守)는 현재의 상태가 변하지 않기를 바라는 입장」, 「진보(進步)는 현재의 상태가 변하는 것을 바라는 입장」으로 이해합니다. 보수는 대체로 개인의 '사'적 이해관계가 사회의 '공'적 개입에 의해 간섭되지 않기를 바라고, 진보는 개인의 '사'적 이해관계가 사회의 '공'적 개입에 따라 규제되고 조정되는 것을 바랍니다. 사람의 정치적 공적 신조가 보수와 진보로 나누어지는 것은 하나의 변수(x)만을 가지고 더하기 빼기로 판명되는 일원방정식(一元方程式)이 아니며 여러 가지 변수가 복잡하게 섞여 있는 다원방정식(多元方程式)입니다.

사람을 보수와 진보로 가르는 첫 번째 차원의 공식은 '현재의 부(富)의 양(x)'에 따라서 '사'적 영역에서 많이 가진 사람은 보수적이 되고 적게 가진 사람은 진보적이 된다는 계급투표적 공식입니다. 가장 기본적인 원리이지만 절대적이지는 않습니다. 세계에서 가장 부유한 사람중 하나인 워렌 버핏이 민주당을 지지하는 것과 한국이나 미국이나 다수의 중하층 서민들이 보수정당을 적극 지지하는 반계급투표의 양상이 이 공식의 한계를 보여줍니다. 두 번째 차원의 공식은 '사'적 영역에서 생활인으로 지낸 시간(y)이 길수록 점점 보수적이 되고 그 기간이 적을수록 진보적이 된다는 공식입니다. 이 공식은 최근 우리나라에서 장년층 노년층은 압도적으로 보수정당을 지지하고 청년층은 압도적으로 진보정당을 지지하는 연령투표 현상으로 나타납니다. 연령적 보수화는 나이가 들수록 경제생활을 통한 자기생존과 가족부양의 무거움과 책임을 더 크게 느끼는 것을 반영합니다. 첫째 공식과 둘째 공식을 종합하면 사람이 지키려고 하는 '사(私)'적 이해관계의 면적(面積)을 [현재의 경제적 부(x)] × [경제활동의 기간(y)] 으로 계산할 수 있습니다. 젊을 때 개혁적, 진보적이었던 사람들이 나이 들면서 보수적으로 변화하는 것, 진보적인 80년대 학생운동 세대 중 일부가 50대가 되면서 보수정당으로 넘어가는 것도 이 공식으로 이해할 수 있는 현상입니다. 부유한 젊은이가 진보주의를, 가난한 노인이 보수주의를 지지하는 것은 이 면적 공식을 통해서 납득이 됩니다. 세 번째 차원의 공식으로 생각해 볼 수 있는 것은 변화에 대한 수용능력 내지 수용의지, 변화수용성(z)입니다. 생활의 변동성이 작고 조그만 변화가 그 생존조건을 위협할수 있는 농업이나 전통적인 산업 종사자가 보수정당을 지지하는 것, 반대로 IT산업과 같이 새로 발전하는 산업 종사자들이 진보정당을 지지하는 것, 상대적으로 부유하고 심리적 여유가 있는 미국 동서 연안지역 대도시의 민주당 지지 현상 및 우리나라의 강남좌파 현상 등이 이 공식과 연관이 있습니다. 현 상태에서 취업이나 자기실현의 돌파구를 찾기 어려운 청년세대가 절실하게 사회의 변화를 요구하는 것도 이 공식에 포함됩니다. 여기까지의 세 가지 공식을 합하면 사람이 보수주의와 진보주의를 선택하게 하는 '사$(私)$'적 이해관계의 부피는 [현재의 경제적 부(x)] × [경제활동의 기간(y)] × [변화수용성(z)]의 삼차원 공식이 됩니다. 자신의 사적 이해관계로부터 비교적 자유롭게 보수와 진보적 지향을 가르는 네 번째 차원의 항목은 개인의 사상적 신조 내지 신앙적 관점이라는 초월적 요소(ict) 24를 생각해 볼 수 있습니다. 이 초월적 요소는 부유한 기업가를 혁명운동에 참여하게도 하고 가난한 실업자를 극우파로 만들기도 하며 서민층 교회 신도들을 정치적 보수주의 집회에 동원하기도 합니다.

'보수'는 '사$(私)$'를 중시하는 성격이어서 이해관계에 밝고 손해 보는 것을 별로 좋아하지 않고 정의관념이 약하고 때로는 너무 약아 보입니다. 그러나 보수는 사람들이 먹고 사는 '사'적 현실 자체를 '그대로 유지하자'는 매우 강력한 어젠다$(agenda)$를 가지고 있습니다. '현실에 가장 가깝다'는 이 장점이 경제생활을 하는 사람들 가운데 보수의 지지기반을 탄탄하게 만듭니다. 보수정당이 쉬운 점은 사실 '뭐를 하겠다.'는 얘기를 할 필요가 없다는 것입니다. 그래서 보수정당이 이런저런 '개혁을 하겠다.'고 마음에 없는 거짓말을 해대도 세상이 그냥 변하지 않기를 바라는 보수주의 지지자들은 무슨 얘기인지 다 알아듣고, 그냥 찍어줍니다.

'진보'는 '사'를 제한해서 사회를 변화시키는 '공$(公)$'을 중시하는 성격이므로, 이기주의를 제한해서 서로 나누는 것을 좋아하고 정의관념이 강하며 다소 이상주의적입니다. '현실의 힘겨운 사적 인생에 만족하기 어려운 사람들이 많다'는 것이 진보의 근거입니다. 그러나 진보는 사람들이 먹고 사는 '사'적 현실을 「고치자」는 것이므로 항상 '무엇을 어떻게 바꾸겠다.'는 개혁의 어젠다를 만들어 제시해야만 하는 부담이 있습니다. 보수정당의 어젠다인 '현실'은 눈앞에 있는 것이어서 알기 쉬운데 진보정당의 어젠다인 '개혁'은 눈에 보이지 않아서 알기가 어렵습니다. 이것이 진보정당이 가지는 가장 어려운 점입니다. 그래서 진보정당이 '이런 이유로 저런 개혁을 하겠다.'고 정의감과 열정으로 아무리 진심을 담아 얘기를 해도 사람들은 '과연 그것이 가능할까? 나한테 손해는 오지 않을까?'하고 의구심을 가지거나 불안해합니다. 진보의 입장에서 볼 때에는 나쁜 짓을 수도 없이 하는 보수를 지지하는 사람이 50%나 된다는 것이 분통이 터지는 일이지만, 다른 시각에서 본다면 현실을 움직여 바꾸겠다는 진보를 지지하는 사람이 무려 50% 가까이 된다는 것이 오히려 대단한 일이라고 볼 수도 있습니다.

정의보다 양식을 구하는 일에 더 집착하는 보수와 양식을 구하는 일보다 정의와 분배에 더 강조점을 두는 진보는 양쪽 다 사회 속에 필연적으로 존재하는 이해할 만한 존재이지, 처단하고 제거해야 할 악의 진영, 사탄의 진영은 아닙니다. 문제는 다른 생각을 가진 사람들의 존재와 사고를 부정하고 제거하려는 극우와 극좌입니다. 극우는 세상은 '공'이 없는 '사(私)'로만 이루어져야 한다는 생각이고, 극좌는 '사'가 없이 '공(公)'만으로 세상이 굴러갈 수 있다는 생각입니다. 두 가지 극단 모두 '사'와 '공'이 모두 필요한 인간의 현실에 맞지 않는, 이웃을 심하게 해치는 위험한 생각입니다.

나. 보수의 한계와 진보의 약점 – 공이 없는 사와 사를 모르는 공

민주주의를 존중하고 진보의 존재를 인정하는 합리적인 보수는 사적 생활의 안정적인 지속을 위해서 필수적인 존재이고, 민주주의를 존중하고 보수의 존재를 인정하는 합리적인 진보는 사회의 변화를 통한 존속과 발전을 위해 필수적인 존재입니다. 아래 도해와 같이, 정상적인 보수는 '사'를, 정상적인 진보는 '공'을 강조하고 더 원하지만, 교집합에 해당하는 '비당파적 국가기능'은 다 같이 인정하고 상대방이 가지는 당파적인 입장의 독립적인 존재를 인정합니다. 그래서 이러한 보수와 진보는 죽어라고 욕을 하면서 서로 싸워도 자동차의 좌우 두 바퀴, 새의 두 날개처럼 사회가 굴러가게 하는 필수재입니다.

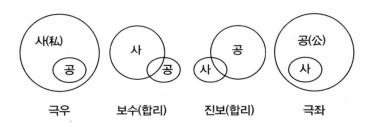

'공이 없는 사(私)'는 위험합니다. 위 그림 제일 왼쪽 동심원과 같이 극우적인 성향은 사(私)로 공(公)을 지배하고 사(私)로 공(公)을 소유하려고 합니다. 극우적인 성향은 당파적인 이익을 위해 사회의 생명과 안전을 보장하는 국가의 비당파적 기능까지도 사적으로 소유하고 동원하려고 합니다. 이것이 세월호 사건과 박근혜 사태에서 나타난 권력

눈치 보기로 인한 국가기능 마비의 원인입니다. 그리고 극우적인 성향은 자기 원 바깥의 진보라는 존재 자체를 아예 부정하고 배제하고 제거하려고 합니다(종북좌파 척결의 구호와 문화계 블랙리스트 사건). 그러면 인구중 절반만 존중받는 국민이 되고 나머지 절반은 투명인간처럼 비국민 취급을 받는 반쪽 나라가 됩니다. 극우적인 성향은 사(私)를 절대화하므로 사적 이익을 위해서 공동체(민족)의 공적 이익을 버릴 수 있고 이것을 잘못이라고 생각하지 않습니다. '사적 이익의 극대화'를 위해서는 일본의 식민지배가 나쁘지 않았다는 식민지근대화론-친일사관이 나타나는 이유입니다. 극우적인 성향은 사(私)적 경제활동의 극대화를 위해 공적 조정과 규제를 철폐하려고 하다가 미국의 리만사태와 같은 경제적 재앙을 낳았습니다. '사'를 절대화하여 '공'을 잃어버린 극우적인 성향은 결국에는 사회에 파탄을 내고 사람들을 위험에 빠뜨립니다. 2017년 현재 미국 트럼프 정권의 무분별한 극우적 성향은 전 세계를 위험에 빠뜨리고 있습니다.

보수주의의 위험은 '극우로 경도되기 쉬운 경향성'입니다. 사회 전체가 보수와 진보로 당파를 나누어 청군 백군으로 싸울 때에 극우와 합리적인 보수(온건 우파) 간의 차이와 경계선은 애매해 집니다. 자기편의 지지를 얻기 위해서 강경론을 펴거나 싸우다보니 성질이 나서 폭주하기도 합니다. 그러니 진정한 보수주의자들에게 가장 위험한 적(敵)은 있지도 않은 종북좌파나 진보진영이 아니라 '사'로 '공'을 소유하고 파괴하려는 극우적 경향입니다.

'사가 없는 공(公)'은 비현실적입니다. 위 그림 제일 오른 쪽 동심원과 같이 극좌적인 성향은 공(公)으로 사(私)를 지배하고 사(私)적 영역 전부를 없애려고 합니다. 이것이 사적 경제를 폐기하고 전적으로 공적인 경제체제를 만들었던 공산주의 실험의 본질입니다. 공으로 사를 없앨 수 있다고 생각했지만, 오히려 공의 절대자로 자임한 공산당과 지도자에 권력이 '사'적으로 귀속되었습니다. 그 극단적인 경우가 북한의 '왕정(王政) 공산주의'라는 역사적 희비극입니다. '공(公)'이라는 원(圓) 하나만을 인정하기 때문에 그 원 바깥에 있는 사람들을 모두 없애려는 잔인한 폭력이 발생했습니다. 결국 무리하게 금지되었던 '사'의 반란으로 공산주의체계는 모래성처럼 무너졌습니다. '사'가 없는 '공'만의 세계는 존재할 수 없다는 역사적 결론이 내려진 셈입니다.

공산주의의 몰락으로 사실 지금 세상에는 이념적으로 극좌파가 없어졌습니다. 진보정당, 사회주의정당도 모두 사적 시장과 자본주의 경제체제를 인정하는 온건좌파 개량주의적 진보에 지나지 않습니다. 현재 온건좌파 진보진영의 문제점은 극좌파가 될 위험성이 아니라, '사'와 '공'의 사이에서 어떤 개혁과 진보를 하자는 것인지 분명한 답안을 제시하기가 어렵다는 것입니다. 불평등의 심화현상에 대해서 강력한 복지와 재분배 의제로 제시했다가는 세계적 자본주의의 생존경쟁을 보게 되면 자신감을 잃고 시장과 기업의 드라이브에 힘없이 끌려갑니다. '공'적 지향과 '사'적 현실 사이에 끼어서 확신 없이 우왕좌왕하는 것, 이것이 진보의 가장 큰 문제이자 어려움입니다. 진보가 왼쪽으로 가면 현실적인 자신감을 잃고, 기가 죽어서 오른쪽으로 가면 진보인지 보수인지 색깔도 없고 냄새도 없고 이 소리도 저 소리도 아무 소리도 나지 않는 '용각산(龍角酸)'이 되어버립니다. 진보의 약점은 '사'를 잘 다룰 줄 모르는 것입니다. 절대적인 힘을 가지는 '사'적 요소를 잘 다루면서 '사'적 영역에서 살아가는 생활인들을 납득시킬 수 있는 '현실적인 변화'의 의제를 만드는 것이 사회 전체를 위한 진보의 숙제입니다.

4장. 한국교회, 사와 공과 초월의 혼동 문제
– 하나님과 보수와 진보

1. 기독교인의 사적·공적 인생과 초월적 신앙의 관계

기독교인의 삶에도 마찬가지로 먹고 사는 일을 하는 사적인 영역과 시민으로서 정치적 사회적 활동에 참여하는 공적 영역, 그리고 하나님(신)에 대한 지식을 추구하는 초월적 신앙적 영역이 들어 있습니다. 기독교인의 인생에도 사와 공과 초월의 세 가지 요소가 있다는 것은 성경을 통해서도 볼 수 있습니다. 예수님은 마가복음(12:29~31)에서 하나님을 사랑하고 네 이웃을 네 자신과 같이 사랑하라고 하셨습니다 (Love the Lord your God. Love your neighbor as yourself). 이 말씀 속에는 기독교인의 사랑의 대상이 세 가지 들어있습니다. '하나님 사랑(God)'과 '이웃사랑(neighbor)'과 '자기사랑(yourself)'입니다. 여기에서 자기사랑은 인생의 사적 측면에, 이웃사랑은 인생의 공적 측면에, 하나님 사랑은 인생의 초월적 측면에 각각 해당됩니다.

기독교인의 인생에서 초월적 신앙의 영역은 인생의 사적 영역과 공적 영역의 한계가 드러나는 곳에서 시작됩니다. 끝없는 생업과 노동과 경쟁과 성취욕에 지친 사람에게 초월적 신앙생활은 허리를 펴고 하늘을 바라볼 수 있는 여유를 주고, 세상의 성공과 성취에 대한 끝없는 경배가 무의미한 것임을 일깨워줍니다. 정치적 이상과 쟁투의 한계에 부닥쳐 허무감과 피곤함을 느끼는 사람에게 신앙생활은 보다 영속적인 이상과 소망의 가능성을 제시합니다. 그래서 신앙의 초월적인 요소에는 우리의 세속적인 사적 인생이나 공적 인생보다 더 크게 우리를 매혹시키고 위로해 주는 면이 있습니다.

문제는 인생의 사와 공을 뛰어넘는 초월적인 기독교 신앙의 세례를 받았다고 해도, 기독교인이 그 초월 속에서 영원히 머물러 있을 수 있는 것이 아니라 다시 세상의 사적 인생과 공적 인생 속에서 살아가야 한다는 점입니다. 따라서 '초월'만으로는 기독교인의 인생이 다 설명될 수 없습니다. 다시 이 글의 관심인 인생의 사적 영역과 공적 영역으로 돌아가서, 기독교인의 인생에서 초월적인 영역이 기독교의 인생의 사적 영역 및 공적 영역과 어떤 방식으로 관계를 맺는지를 살펴보려고 합니다. 세 가지의 관계 유형이 있습니다. 첫째는 「'초월'로부터 독립적인 기독교인의 '사'와 '공'」, 둘째는 「'초월'의 거룩함에 영향을 받는 기독교인의 '사'와 '공'」, 셋째는 「거꾸로 '초월'을 압도해서 초월에 영향을 주는 기독교인의 '사'와 '공'」입니다.

첫째는 「초월과 독립적인 기독교인의 사와 공」입니다. 기독교 신앙의 초월적인 면에 의해서 별로 영향 받지 않고 그 자체의 독립적인 작동원리에 따라 영위되는 기독교인의 사적 인생과 공적 인생을 의미합니다. 우선 먹고 살기 위한 사(私)적 생업을 봅니다. 사실적인 측면(Sein)에서, 이런저런 직장과 직업에 종사하면서 살아가는 사적 생활의 현실적 조건과 형태와 원리는 기독교인에게나 비기독교인에게나 기본적으로 차이가 없습니다. 시험에 합격하려면 공부를 열심히 해야 하고 일을 잘 하려면 성실하게 땀을 흘려야 합니다. 규범적인 차원에서(Sollen),

기독교인이 일반인보다 사적인 경제생활에서 더 양심적이고 더 희생적인가? 현실은 '글쎄!'입니다. 아주 착하고 헌신적인 기독교인도 있지만 얄미울 정도로 약고 영리한 기독교인도 많기 때문에, 더하고 빼면 평균은 비슷하지 않을까 싶습니다.

「기독교인의 공(公)적 인생, 정치적 관점과 실천이 하나님의 초월적인 뜻에 의한 것인가 각 사람의 사회적 입장과 가치관에 따른 것인가?」라는 문제가 있습니다. '상호독립성'에 주목하는 입장에서는, 어느 기독교인이 보수정당이나 진보정당을 지지하는 이유는 신앙의 '초월'적인 면에 의한 것보다, 그의 시민적 관점에서의 '공'적 판단이 더 크게 작용한다고 봅니다. 현실적으로는 교회를 다니는 사람도 신앙인이라는 정체성보다는 그의 시민적 정체성과 가치관에 근거하여 정치적 입장을 결정하는 측면이 더 강한 것으로 보입니다. 그의 '사'적 조건에 영향을 받아 '사'가 강한 사람, '공'을 싫어하는 사람은 보수를 지지하고 '사'가 약한 사람, '공'을 좋아하는 사람은 진보를 지지하는 것이지요. 보통 믿기 전에 야당 체질이던 사람은 예수를 믿고도 야당이고, 원래 여당 체질인 사람은 예수를 믿고도 여당인 경우가 많습니다. 색깔이 조금 옅어지거나 짙어질 뿐입니다. 성경에도 열심히 예수를 믿는 사람이면 마땅히 보수정당을 지지해야 한다거나 독실한 기독교인은 반드시 진보정당을 지지해야 한다는 율법이나 종교적 계명은 없습니다.

우리가 공적/정치적 영역에서의 선택에 대해서, 기독교 교리가 아닌 공적 영역의 일반 원리에 따라 기독교인의 다양한 사고와 행동을 인정하면, 기독교인들에게도 정치적 자유를 주고 하나님께도 정치적 자유를 드릴 수 있습니다. 저는 기독교인의 신앙(초월적인 영역)과 기독교인의 사적/공적 인생 간에 다른 원리로 움직이는 독립적인 영역이 있다는 점을 인정하고 존중하는 것이, 우리 기독교인들의 건강한 인생과 기독교 신앙의 생명력 있는 전개를 위해서 매우 중요하다고 생각합니다.

둘째는 「초월적인 영역에 의해 영향을 받는 사적/공적 영역의 인생」입니다. 시험을 잘 보려면 공부를 열심히 해야 하지만, 신앙과 기도는 왜 공부를 하는지 이유를 더 분명하게 하고 마음을 평안하게 해서 시험을 잘 보는 것을 도와줄 수는 있습니다. 생업에서 성공하려면 열심히 잘 일을 해야 하지만, 신앙과 기도는 사람들과 좋은 관계를 가지고 잘 참고 견디는 것을 가능하게 해서 직장생활의 성공을 도와줄 수 있습니다. 사회적 부정의와 불의를 없애기 위해서 공적으로 노력하는 기독교인에게 신앙과 기도는 자기의 연약함과 흔들림을 이기고 끝까지 분투할 수 있도록 위로하고 격려해 줄 수 있습니다.

좋게 얘기하면 이런 내용인데, 정색하고 생각해서 「자기를 부인(否認)하고 자기 십자가를 지고 나를 따르라'는 예수님의 말씀이 있는데, 기독교인이 사적 인생과 공적 인생에서 잘 먹고 잘 살고 성공하고 형통하는 것을 기도하고 그에 대한 하나님의 도움(응답)을 받는 것이 과연 기독교 신앙의 초월적인 지향에 부합하는 것이냐?」라는 질문이 나오면 이 문제는 어려워집니다. 나의 사적, 공적 인생에 대한 세상적 욕구에 하나님을 동원하고 이용하지 말아야 한다는 신앙적 명제와, 나의 실제 인생에서 주어지는 눈앞의 사적, 공적 과제를 놓고 괴로워하면서

도대체 고상한 기도만 하는 것이 가능하냐는 현실적인 항변 간의 씨름이 끊임없이 전개되는 영역입니다.

기독교 신앙의 초월적인 원리를 '자기부인과 십자가'로 세상의 이익과 성공에 대한 자랑과 욕망을 억제하라는 것으로 본다면, 지금 한국교회(개신교)의 현실에서 기독교 신앙의 '초월'은 기독교인의 '사'와 '공'에 대해서 거룩한 억제력을 거의 발휘하지 못하고 있다고 느껴집니다. 기독교 신앙의 초월적인 기능을 '인간의 실존적 불안과 고통에 대한 위로와 격려'로 본다면 기독교 신앙의 초월은 기독교인의 사적, 공적 인생에 상당한 도움을 주는 것이 사실입니다. '공(公)'적인 공의의 하나님은 우리의 사적 욕망과 기도를 엄격한 눈으로 바라보시는 것 같고, '사(私)'적인 사랑의 하나님은 우리의 사적 욕망의 연약함을 너그럽게 이해하고 언제든지 용서해 주시려는 것 같이 보입니다. 그래서 현실적으로 우리 기독교인들의 체감적 신앙은 거룩한 하나님의 '초월' 중 인간에게 자기부인을 까다롭게 요구하는 공(公)적 속성의 하나님보다 인간의 자기사랑을 친절하게 인정해주는 사(私)적 속성의 하나님을 더 가까이 합니다.

셋째는 「초월적인 영역에 거꾸로 영향을 주는 사적/공적 영역의 인생」입니다. 주로 기독교인의 인생에서 '사'적인 영역이 의식적 무의식적으로 '초월'적인 영역을 압도하는 경우입니다. 나의 '사적' 성공을 축복해주는 '초월'은 본질적으로 기독교의 본령은 아닙니다. 개인적인 차원에서 기독교인들은 한편으로는 자기의 욕망을 누르려고 애쓰기도 하지만, 인간의 연약함과 현실의 압도적인 힘으로 인해서, 우리의 개인적 기도제목은 대부분 나의 '사'적 성공에 관한 것입니다. '기독교인의 인생에서 사적 욕망이 기독교의 초월보다 더 큰 힘을 쓰고 있다'는 것은 객관적인 현실이라고 생각합니다. 예수를 믿는다고 해서 인간의 연약하고 이기적인 본성이 바뀌는 것은 아니므로 이 현실은 쉽게 달라지기도 어렵습니다.

문제는 '기독교인의 사(私)가 초월(超越)을 압도하는 현실'을 「심각한 문제로 인정하는가? 심각한 문제로 인정하지 않는가?」 하는 기독교인의 반응에 달려있습니다. 이 현실을 인정하면 기독교인의 '사'도 겸손하게 되고 기독교인의 '초월'도 겸손하게 됩니다. 내 신앙을 소중히 여기지만 또한 쉽게 만족하거나 자만하지 않고 자기부인과 자기사랑 사이에서 심각하게 씨름하는 인생을 살게 됩니다. 이 현실을 인정하지 않거나 인정해도 심각한 신앙문제로 인식하지 않는 경우에 문제가 생깁니다. 이 경우에는 실제로 '기독교의 초월'은 거룩한 것이지만 '현실적인 기독교인의 초월'은 아직 '사'에 제약되어 거룩함에 도달하지 못하였음에도 불구하고, 「사에 압도되거나 사로 왜곡된 초월」을 「'온전한 초월'과 '거룩한 사'」라고 주장하는 신앙적 착오와 오만이 발생합니다. 현실을 인정하면 '겸손한 사와 겸손한 초월'이 되지만 현실을 인정하지 않으면 '교만한 사와 오염된 초월'이 발생하는 것입니다.

'사'적 요소가 '초월'을 압도하고 왜곡시키는 현상은 기독교인 개인의 신앙생활 차원뿐만 아니라, 절대적인 개별교회 중심(개교회주의)의 자유시장 경쟁체제로 굴러가는 한국 개신교의 교회구조 차원에서도 심각하게 나타난다고 느껴집니다. 가톨릭 천주교회와 비교하면 한국 개신교회의 '사' 적 성격은 뚜렷하게 나타납니다. 한국 천주교의 경우에는 약 5천명의 사제가 하나의 교단 3개의 대교구(서울, 광주, 대구)에 약 1,700개의 성당에서 약 550만 명의 교인과 함께 신앙생활을 한다고 합니다.(2013년 한국 천주교 통계) 성당은 교단의 소유이고 사제들은 교단에서 임명되어 보수를 받고 임지를 발령받습니다. 한국 개신교의 경우에는 10만 명이 넘는 것으로 추정되는 목회자들이 200개가 넘는 교단으로 나뉘어 5만개 이상의 교회를 운영하면서 8백 수십만 명의 신도와 함께 신앙생활을 합니다. 개신교의 목회자들은 일부 교단을 제외하고는 교단이 아닌 개별교회로부터 보수를 받고, 교회들도 대부분 개별 교회의 경제적 자립구조로 운영됩니다. 천주교의 교회구조가 '사' 적인 면보다 '공' 적인 면이 강하다면, 개신교의 교회 구조는 지극히 '사' 적 개별적이고, '공' 적인 면이 거의 없습니다. 이 문제는 쉽게 해결되지는 않겠지만, 한국교회(개신교)가 공교회성 보편교회성을 회복하고 신앙의 공적 성격을 회복하는 데에 가장 큰 어려움 중의 하나로 작용할 가능성이 크다고 느껴집니다.

2. 공과 초월의 혼동 – 하나님과 보수와 진보의 관계

가. 초월과 공의 관계

사람들의 삶은 '사' 적 영역과 '공' 적 영역의 교차를 통해서 구성됩니다. 사를 좀 더 중시하는 보수주의자와 공을 좀 더 중시하는 진보주의자들이 함께 다투고 협력하며 사회를 유지하고 변화시켜 나가는 것이 양쪽 모두에게 유익한 일입니다. 국민 전원이 보수주의자가 되어 화석

처럼 굳어버린 사회와 국민 전원이 진보주의자가 되어 매일매일 지축이 흔들리는 사회는, 진보주의자에게도 좋지 않고 보수주의자에게도 좋지 않고 하나님에게도 좋지 않습니다.

하나님은 보수주의자도 아니고 진보주의자도 아니지만, 하나님의 뜻은 보수주의에도 들어있고 진보주의에도 들어있습니다. 성경에서 세상을 다스리는 권세에 복종하라는 로마서 13장은 사회를 존속시키고 유지하는 '이웃사랑'의 공적 메커니즘으로서 비당파적인 국가기능(사법/조세 기능)을 존중하라는 말씀으로 '보수의 필요성을 인정하는 성경적 근거'에 해당합니다. 그러나 로마서 13장을 불의한 독재 권력에도 무조건 절대복종하라는 극우적인 렌즈로 읽으면 오만하고 불의한 권력을 규탄하는 구약성경의 모든 예언서와 세상의 권력에 맞서 돌아가신 예수님의 십자가가 아무 의미가 없게 됩니다. '굶주린 자에게 먹을 것을 나누어 주고 헐벗은 사람을 입혀주며 압제받는 이들을 석방하라'는 이사야서 58장의 하나님 말씀과 누가복음 3장에서 이를 원용한 예수님의 첫 번째 회당 설교는 진보주의의 정의감을 서포트합니다. 그러나 이 것이 곧바로 진보주의의 혁명적 의제로 넘어가는 것은 아닙니다. 감히 생각건대 하나님은 「제대로 된 보수」와 「제대로 된 진보」와 「양자 간의 제대로 된 싸움과 협력」을 원하십니다. 그러니 기독교인이 보수를 지지하거나 진보를 지지할 때에는, '초월'적인 신앙에 의지해서 한쪽을 찍는 것보다는 자신의 '공'적인 시민적 입장과 양심에 따르는 것이 더 건강하고 하나님의 뜻에도 맞을 가능성이 크다고 생각합니다.

한국의 개신교가 '공적' 의견에 있어서 보수 쪽에 치우친 양상을 보여주는 것에는 개교회주의로 운영되는 한국 개신교의 '사'적 성격이 무의식적으로 반영이 된 면이 있습니다. 앞서 본 바와 같이 '사'적 요소가 강해지면 자연적으로 '보수'적인 성향이 강해집니다. 하나의 교회가 성장해서 '사'가 지극히 강해지니 교회 차원에서 공적이고 정치적인 문제에 '보수'적인 성향을 가지게 되는 것입니다. 하나님이 보수적이신 것이 아니고 교회가 보수적으로 된 것입니다. 어떤 기독교인 개인이 보수주의자인 것이 문제될 일이 아니고 교회 지도자 개인이 정치적으로 보수적인 입장을 가지는 것도 개인의 시민적 권리로서 문제 삼을 것은 없습니다. 그러나 문제는 한기총의 경우처럼 보수가 하나님의 이름으로 선포되는 경우입니다. 이 때에는 하나님이 정치적으로 편파적인 분으로 알려지고 교회가 세상의 당파적 이익에 이용되며 교회 속의 절반의 신도가 마치 하나님에게 억울하게 혼난 사람처럼 불필요한 시험에 들게 되는 것입니다.

나. 초월을 통한 공의 보완 – 공적 자기부인과 이웃 사랑

각자의 입장과 관점과 이익에 따라 사람들이 보수와 진보로 나뉘어 '다투는 일'은 사람들의 몫이고 사람들이 잘 하는 영역입니다. 그러나 보수와 진보로 나뉜 사람들이 서로 상대방의 존재와 필요와 요구를 조금이라도 인정하며 함께 토론하고 살아가는 일은 사람들이 잘 하지 못하는 영역입니다. 사람은 '악'하기 때문입니다. 여기에 기독교 신앙의 초월적인 면이 큰 도움을 줄 정치의 영역이 있습니다.

우선 '이웃을 사랑하라'는 계명은 진보주의자가 보수주의자의 완고함을 이해하고 보수주의자가 진보주의자의 아우성을 이해할 수 있는 가장 강력한 무기로 이해할 수 있습니다. 그러니까 기독교 신앙의 '이웃을 사랑하라'는 계명은 사적(私的)인 전도와 구제와 봉사활동에만 국한되는 것이 아니고, 가장 치열하게 사회적 정치적 싸움이 벌어지는 공적(公的) 민주주의의 현장에서 힘을 쓸 수 있는 하나님의 '정치적 계명'이 되는 것입니다. 보수와 진보 양 진영 간의 전투적인 협력에는 예수님의 산상수훈 중 8복 중 일곱 번째 복인 '화평케 하는 자에게는 복이 있나니 저희가 하나님의 아들이라 일컬음을 받을 것이다'(마태복음 5:9)라는 말씀이 중요한 무기가 될 수 있습니다. 사회적 고통과 어려움을 현실적으로 해결해 나가기 위해서는 「안정(보수)적인 변화(진보), 변화(진보)를 통한 안정(보수)」을 가능케 하는 '화평케 하는 자'들의 존재와 노력이 필요합니다. 다른 사람과 다른 생각의 존재를 배척하고 증오하고 저주하는 '공'적인 영역에서의 극우와 극좌는 기독교 신앙의 '이웃을 사랑하라'는 명제와 '화평케 하는 자'가 되는 복에 정면으로 배치됩니다.

기독교 신앙의 십계명 중 '나 이외의 다른 신을 너희 앞에 두지 말라'는 첫 번째 계명도 극우와 극좌의 극단을 배척하는 기독교의 정치적 원리입니다. 인생의 '사'적 요소, 경제적 이익의 추구를 모든 것의 근본원리로 삼는 극우는 경제적 이익을 신으로 숭상하는 물신주의(物神主義)를 기초로 하고, 인생의 '공'적 요소, 공공이익을 위해 사적 욕망이 사라질 수 있다고 꿈꾸었던 극좌 공산주의는 인간의 선함을 신적으로 믿었던 셈이기 때문입니다. 또한 '선악을 판단하는 나무의 과실(선악과)을 먹지 말라'는 창세기의 원시(原始) 계명 또한 사람이 정치와 이념의 영역에서 「극우의 자리에 앉아서 진보와 좌파 모두를 악하다고 심판하고 정죄하지 말 것」과 「극좌의 자리에 앉아서 보수와 우파 전부를 악인으로 심판하고 정죄하지 말 것」에 대한 엄중한 경고였습니다. 기독교인은 하나님을 믿는 것에 멈추어야지 기독교인이 하나님의 자리에 앉으려고 하면 안 된다는 계명입니다.

하나님의 신적 '초월'은 세상의 '공'적 영역에서의 보수와 진보의 싸움에 직접 뛰어들어 어느 한쪽 편을 들지는 않습니다. 그러나 하나님의 '초월'은 사람들이 공적 영역에서 싸우고 다툴 때에, 각 진영이 자기의 이익과 감정을 어느 정도 '부인(否認)'하고 상대방 진영의 애기를 이해하고 화평을 도모하면서 건강한 '공'을 형성하는 정치적 원리로 능력을 발휘할 수 있으며, '공'의 영역에서 함부로 선악을 판단하며 정죄하는 극우와 극좌를 정죄합니다.

다. 정치적으로 편파적인 기독교 – 개인의 공적 의견과 하나님의 초월적 뜻의 혼동

기독교인도 누구든지 시민으로서 자기의 개인적인 정치적 견해를 밝히고 실천할 수 있는 자유가 있는 것은 분명합니다. 그러나 그 정치적 의견과 관점이 '하나님의 이름'으로 선포되고 '하나님의 뜻'으로 주장되는 많은 경우에는, 개인의 '공'적 의견과 하나님의 '초월'적 뜻을 혼동하는 왜곡이 나타납니다. 극우나 극좌적인 입장에서 다른 사람의 존재와 다른 사람의 생각을 정죄하고 심판하려는 종교적 태도는 하나님의 명령에 반하여 '선악과를 상시 과다 복용하는' 선악과 중독증상일 가능성이 큽니다. 예언자적 자부심으로 반대진영의 정치적 생각을 가혹하게 몰아붙이는 태도에는 이웃과 동료를 '시험(temptation)에 들게 하는' 악(evil)이 들어 있습니다. 정견이나 처지가 다른 사람들을 하나님의 뜻에 반하는 사람, 하나님의 뜻을 모르는 사람이라고 판단하고 멸시하고 공격하는 태도에서 공감능력을 상실한 '긍휼 없는 기독교', '공격적이고 냉혹한 기독교', 민주주의에 반대하고 민주주의를 공격하기까지 하는 납득하기 어려운 기독교의 모습이 나타납니다.

3. 사에 오염된 초월, 공이 사라진 교회

가. 초월과 사의 관계 – '자기사랑'과 '자기부인'의 갈등

사람은 하나님이나 이웃보다 자기를 더 사랑합니다. 가족을 사랑하는 것은 자기를 사랑하는 것의 연장입니다. 자기를 사랑하고 사적 생존과 생활을 위해서 노력하는 것은 하나의 생명 개체로서 사람에게 당연한 일입니다. 기독교인의 인생에서 신앙, 즉 초월적 영역은 인생의 사적 영역의 한계가 드러나는 곳에서 시작됩니다. 먹고 사는 일은 그렇게 쉽지가 않습니다. 공부를 하고 시험을 보면서 돈을 벌 준비를 하는데 수십 년이 걸리고, 막상 취직을 해도 다른 사람 밑에서 참고 시키는 일을 하는 것은 쉽지가 않고, 경영자가 된다고 해서 세상이 쉬워지는 것이 아니라 오히려 사업의 성패의 위험으로 인생이 아슬아슬해집니다. 돈을 못 버는 고통은 말할 것도 없고 돈을 꽤 버는 사람도 사적 인생의 갈증과 긴장은 끝이 없습니다. 그러다가 사업이 망하거나 직장이 흔들리거나 집안에 우환이 생기거나 애가 속을 썩이거나 병이 나서 아프거나 그렇게 하다가 나이를 먹어서 한 인생이 끝납니다.

사적 인생의 한계가 보이는 자리에서 만나게 되는 초월적인 신앙은, 땅에 붙어서 끝이 없는 생업과 노동에 지친 사람에게 눈을 돌려 하늘을 바라볼 수 있는 여유를 줍니다. 그리고 인생의 사소한 일들에 막힌 정신에 삶과 죽음의 한계를 넘어서 더 커다란 일을 생각하고 꿈꾸는 고상한 소망을 줍니다. 사(私)적인 인생은 힘들고 초월적이고 영적인 신앙은 기쁨과 안식을 줍니다. 그래서 저를 포함해서 기독교인들은 교회를 열심히 나가고 성경을 열심히 읽고 여러 가지 신앙생활에 애를 씁니다. 문제는 신앙의 '초월'을 통해서 우리의 정신과 영이 고양되어도, 우리의 몸은 이 땅에서 매일매일 일용할 양식을 구하기 위하여 땀을 흘리며 주변 사람들과 씨름을 하며, 돈을 벌기 위해 머리를 쓰고 애를 쓰고 속을 썩이며 살아가야 한다는 것입니다. 그러니까 우리의 영이 사적 인생의 영역을 넘어 초월적 영역을 맛보았어도 우리의 인생은 사적 영역에서 인간의 욕망을 충족시키면서 살아가는 일에 목숨이 다할 때까지 종사를 해야 합니다. 그래서 기독교는 '우리에게 일용할 양식을 주시옵고(Give us this day our daily bread)'라는 주기도문 네 번째 기도를 통해서 우리 인생의 사적 요소를 부분적으로 인정하고 있습니다.

'초월'과 '사'의 관계는 기독교인에게 익숙한 주제입니다. 초월을 믿는 기독교인이 하는 대부분의 기도제목은 세상에서 살아가는 '사'적 인생의 과제와 목표들입니다. 학업과 취업과 직장과 기업과 사회에서 고통을 겪지 않고 원하는 것을 이루면서 살아가는 것이 기도의 내용들입니다. 엄격하게 말하면 '자기사랑'의 기도입니다. 그런데 기독교 믿음의 대상인 예수는 세상에서 학업과 취업과 직장과 기업과 사회에서의 사적 성공을 구하지 않고 젊은 나이에 십자가에서 목숨을 잃었습니다. 그러니까, '사'적 이익을 추구하지 않은 예수님에게 우리의 '사'적 이익을 구하는 기도를 하는 것은 조금 맹랑합니다. 예수는 제자들에게 '자기를 부인(否認)하고 자기 십자가를 매고 나를 따르라'고 가르쳤는데(마태복음 16:24), 우리 기독교인들은 사실 세상에서 '자기를 인정(認定)받고 자기 등의 십자가를 벗고 싶다'는 기도를 하고 삽니다. 기독교인의 사(私)적 인생은 '자기사랑'을 주장하고 기독교인의 초월적인 신앙은 '자기부인'을 주장하며 서로 맞섭니다. '초월'은 '사'를 제한하려고 하지만 '사'는 '초월'을 이용하고 '사'의 욕망으로 '초월'을 오염시키려고 합니다. '초월'이 '사'를 제한하는 곳에서는 기독교 신앙의 힘이 나타나지만, '사'가 '초월'을 이용하는 곳 초월이 사에 의해 오염된 곳에서는 기독교 신앙이 욕을 먹고 수치를 당하게 됩니다.

나. 사에 오염된 초월, 공적 기능이 없는 교회

2000년대 들어서서 계속 이어져 온 한기총 매표(買票)사건, 교회세습, 삼일교회 사건, 사랑의교회 사건, 여의도순복음교회 사건 등 일련의 교회 스캔들에는 공통된 특징이 있습니다. 한국 기독교(개신교)의 대표적 교회, 교단연합체 및 문제된 목사님들의 행동과 사고가 한국 사회에서 시민(公民)들의 '공'생활이 규율되는 원리와 평균수준에 엄청나게 못 미친다는 것입니다. 한국 개신교의 압도적인 현상인 개교회주의는 자연적으로 논리적으로 한국 개신교에 세상의 '사적' 요소를 깊숙이 심을 수밖에 없습니다. 개별교회는 경제적으로 하나의 경영단위로서의 성격을 가지고 있기 때문입니다. 여기에서 오히려 본의 아니게 '초월'이 긴밀하게 '사적'인 것과 결합되는 양상이 벌어집니다. 한국의 초대형교회 창립자의 가족들이 재벌그룹의 창업자 가족과 같은 행동양식을 나타낸 것이 그 극렬한 예입니다. 이 사례에서는 확실히 '초월'이 '사'에 압도당한 것으로 보입니다. 하나님을 찾는 '초월'적인 교회, 신도들이 모인 '공'적인 교회가 '사'적인 소유재산처럼 자녀에게 상속되는 교회세습 또한 초월이 사에 압도된 모습입니다. '공'이 '사'에 압도된 북한의 세습 공산주의와 '초월'이 '사'에 압도된 남한의 세습 기독교는 본질의 훼손이라는 점에서 공통점이 있습니다.

'초월'과 '공'의 관계에서 한 가지 특기할 만한 것이 있습니다. 개인의 이익과 욕망이 주도하는 '사'적 요소의 극단적인 전개를 경계하고 제한하는 '초월'의 자기부인 원리는, 사실 개개인의 신앙적 양심이나 주관적 각오보다도 개인의 '사'적 이익을 공동체적으로 제한하는 객관적인 사회의 '공'적, 정치적 기능에 의하여 더 잘 실현되고 있다는 것입니다. 공법(公法)의 처벌이 있으니 계명을 어기는 죄를 범하는 일이 무섭고, 공적(公的) 세금이 있으니 욕심 많은 개인의 지갑에서 고아와 과부를 돕는 사회의 복지비용이 나오는 것이 '사'를 제한하는 '초월'과 '공'의 협력을 보여줍니다. '초월'과 '공'이 힘을 합하여 가장 힘이 센 '사'와 맞서는 셈입니다. 그러므로 '공'의 활발한 협력 없이는 '초월'이

'사'를 제한하는 것이 사실상 불가능할 수 있습니다. 이 점은 '사'적 요소가 너무 강하고 '공'이 거의 무력해진 한국 교회에서 '사'가 '초월'에 의한 제한을 받지 않고 오히려 '초월'이 '사'에 의하여 제약을 받는 현상과 연결됩니다.

만일 한국 개신교가 교회 내에서 보편교회(universal church)로서의 '공'적인 기능을 유지했다면 적어도 여의도순복음교회/삼일교회/사랑의 교회 사건과 같은 경우에 세상의 공적 기준에도 못 미치는 치리(治理)는 되지 않았을 것입니다. 당사자들과 개별 교회는 신앙적 고난과 시험이라는 '초월'로 변명을 하지만 당사자들이 아닌 사람들은 기독교 교인이거나 교인이 아니거나 모두 그것이 '사'적인 욕심의 문제라는 것을 다들 압니다. 결국 한국교회가 욕을 먹는 가장 큰 원인 중의 하나는, 현재의 기독교(개신교)에 '공'이 없고 너무 팽배해진 '사'에 의해 기독교의 초월적 신앙이 오염된 것이라고 생각합니다.

4. 세상을 어지럽히는 기독교 – '자기사랑의 기독교'와 정치적 탈선

예수님은 기독교인들에게 세상의 소금과 빛이 되라고 하셨지만 (마태복음 5:13-14), 기독교인들이 교만과 무지로 인하여 자신의 신앙과 세상에 대한 오해와 혼동에 빠지면, 거꾸로 "세상을 어지럽히는 기독교"의 모습을 만들어냅니다. 탄핵 저지를 위해서 군대를 동원하고 계엄령을 선포하자는 태극기집회에 동원된 십자가와 찬송가의 모습이 그것이고, 미국 역사상 가장 비윤리적이고 인종차별적이며 긍휼이 없는 극우적 대통령 후보 트럼프에 대해서 "하나님은 악한 왕도 쓰신다"는 신정론(Theodicy)적 궤변까지 동원해 가면서 압도적인 지지로 대통령에 당선시킨 미국의 다수파 백인 복음주의자들(Majority White Evangelicals)의 모습이 그것입니다.

기독교인들은 선하고 세상만 악하다는 생각은 오해이고 거짓입니다. 기독교인들은 얼마든지 세상을 악하게 만들 수 있습니다. 한쪽에는 나그네와 고아와 과부들을 불쌍히 여기고 돕는 기독교인들도 있지만, 다른 한쪽에는 나그네와 고아와 과부들을 몰아내라고 소리 지르는 기독교인들이 있습니다. 예수를 믿어서 내세의 천국에 가겠다는 사람들이 다른 사람들을 냉혹하게 공격하고 세상을 이생의 지옥으로 만드는 일에 얼마든지 앞장설 수 있습니다. 왜 기독교가 극우세력의 주도적인 일각을 차지하는가? 이게 예수님의 뜻과 무슨 관계가 있는가? 고통스러운 질문들입니다. 한국에서는 박근혜 대통령에 대한 탄핵 선고가 내려졌으니, 한동안은 기독교와 극우의 정치적·영적 동맹관계는 잠잠한 잠복기에 들어갈 것입니다. 그러나 미국에서는 앞으로도 몇 년간 백인 복음주의 우파가 인종차별적 트럼프주의의 핵심적 정치기반 노릇을 할 것입니다. 사회의 소수자들을 악몽과 공포에 빠뜨리는 복음주의자(evangelical)들이 전하려는 복음(福音)은 도대체 무슨 복음(good news)이란 말인가? 미국의 트럼프 사태는 개인주의적인 자기사랑의 기독교에 함몰된 미국 백인 복음주의 기독교의 사회적·도덕적 파산이라는 점에서 기독교에 대한 심각한 타격을 주었습니다.

그러면, 기독교와 극우의 동맹이라는 정치적·영적 스캔들이 발생해서 세상을 어지럽히는 이유는 무엇인가? 여러 가지 사회적이고 종교적인 이유들을 들 수 있겠으나, 그 중 가장 핵심적인 것은 믿는 자들의 사(私)에 압도된 '개인주의적 자기사랑의 기독교'라는 기독교신앙의 왜곡으로 인한 것입니다. 세상 속의 인간은 '자기사랑'으로 움직이지만, 십자가에서 자기를 부인하신 예수님을 따르는 기독교는 기본적으로 '자기부인'의 종교입니다. 그러나 기독교를 믿는 기독교인들은 끊임없이 인간의 죄된 본성으로 인하여 자기들의 개인주의적 '자기사랑'을 기도와 예배와 교회와 신앙 속에 끌고 들어옵니다. 그 결과 심하게는 '예수님의 자기부인'조차도 끊임없이 신자들의 '개인적 자기사랑'을 위해서 이용당하는 모습이 나타납니다. '자기를 부인하지 않는 자기사랑'의 기독교, 자기부인에 대한 부담감과 긴장을 잃어버린 기독교는 결국 '자기 자신'을 절대적으로 섬기는 '자기사랑'의 우상숭배에 지나지 않습니다.

'자기사랑의 기독교'가 개인적인 차원에서 전개되면 개인주의에 대한 우상숭배, 성공주의, 성장주의에 대한 우상숭배, 개인적인 기복주의 신앙으로 비교적 온건하게 나타나지만, '자기사랑의 기독교'가 집단적인 차원으로 전개되면 금방 '집단주의적 자기사랑'의 양상인 국가주의 우상숭배, 반공주의 우상숭배, 인종주의 우상숭배의 극렬한 폭력성과 결합됩니다. 2017년 1월에서 3월까지 한국의 탄핵반대 집회에서 나타난 '태극기와 십자가의 동맹'은 '자기사랑의 기독교'와 '국가주의적 자기사랑'의 결합이라는 점에서 현실적이고도 논리적입니다. 미국의 트럼프 사태에서 나타난 기독교인들의 반기독교적 투표는 백인복음주의 기독교인들의 '개인주의적 자기사랑'이 트럼프로 대표되는

'백인 민족주의의 자기사랑(White Nationalism)'과 결합한 일로서 역시 현실적이고 논리적인 결과입니다. '자기사랑의 기독교'와 '자기사랑의 극우주의'는 '자기사랑'이라는 핵심적 교집합을 가지고 있으므로, 성질상으로도 비슷하고 거리상으로도 가깝고 심리적으로도 친근하고 현실적으로도 이해관계가 서로 합쳐지기 쉬운 것이기 때문입니다.

'자기사랑의 기독교'는 두 가지 방향에서 세상을 어지럽히고 위험하게 합니다. 하나는 기독교 신앙 자체를 무력화하는 것이고, 다른 하나는 세상의 사회적 정의와 민주주의를 공격하고 위험에 빠뜨리는 것입니다. 우선 '자기사랑의 기독교'가 기독교 자체를 어지럽히고 망치는 이유를 봅니다. 세상이 자기를 부인하지 않고 자기를 사랑하는 것은 당연한 일입니다. 그러나 기독교인들이 자기부인에 대한 부담과 긴장을 잃고 개인적이고 집단적인 자기사랑에만 매달리면 기독교는 '앙꼬 없는 찐빵'이 되어 더 이상 예수를 믿는 기독교라는 이름 자체가 의미 없어집니다. 이 경우의 십자가는 자기부인의 상징이 아니라 그저 종교적인 자기사랑의 상징적 부적처럼 됩니다.

다음으로 '자기사랑의 기독교'가 세상의 정의와 민주주의를 어지럽히고 위험에 빠뜨리는 이유를 봅니다. 앞에서 검토한 바와 같이 세상의 민주주의는 인간의 본성인 '자기사랑의 대원칙' 위에 서 있습니다. 그러나 민주주의는 동시에 집단적인 자기사랑 간의 충돌로 세상이 이생의 지옥으로 바뀌는 것을 막기 위해서 선거제도를 통한 평화, 법치주의에 의한 권력의 제한, 경제적 민주주의를 통한 타협 등 자기사랑의 폭주를 막기 위한 '집단적 자기부인의 제도'들을 만들어 가지고 있습니다. '극우적 자기사랑'의 위험성은 '특정 개인이나 집단의 자기사랑'을 극대화하기 위하여 민주주의 제도의 자기부인 장치 일체를 부정하고 왕정과 파시즘적 독재를 선호하는 것입니다. 개인주의적 '자기사랑의 기독교'는 '극우적 자기사랑'과 마찬가지로 사회적이고 집단적인 '자기부인'의 필요성과 기능을 잘 알지 못하는 관계로, '극우적 자기사랑'과 동맹관계를 맺으면 아무 거리낌 없이 민주주의를 해치고 이웃을 공격하는 일에 앞장섭니다.

자기사랑의 기독교가 극우주의와 정치적, 영적으로 결합하는 동맹관계는 민주주의와 기독교 양자 모두에 반하는 행동입니다. 자기사랑의 기독교의 정치적 탈선은 '하나님보다 자기를 더 사랑해서' 기독교를 해치고, '자기를 위해서 이웃을 공격하여' 민주주의를 해칩니다. '자기사랑의 기독교'는 하나님 앞에서도 ^(기독교를 위하여) 회개하고, 사람들 앞에서도 ^(민주주의를 위하여) 회개하여야 합니다. 허구적인 본색이 드러난 것은 안타깝지만 본질적으로는 반가운 일입니다. 고치지 않으면 망한다는 각성을 주기 때문입니다. '자기사랑의 기독교'의 벌거벗은 모습이 드러났으니, 우리는 '자기부인의 기독교'를 다시 배우고 회복해 나가야 합니다. 우리가 자기부인을 배울 곳은 두 군데입니다. 하나는 세상의 영광과 영화를 부인하고 십자가에서 자기를 버리신 '예수님의 자기부인'이고, 다른 하나는 인간의 개인적이고 집단적인 자기사랑이 폭주하는 것을 말리고 사회적으로 통제하는 '민주주의의 자기부인'입니다. '예수님의 자기부인'은 기독교인들에게 자기 자신에 대한 실존적 우상숭배를 떠나서 하나님을 사랑하고 인간의 한계를 벗어나는 길을 열어줄 것이고, '민주주의의 자기부인'은 기독교인들에게 자기의 개인적이고 집단적인 이익과 욕망에 대한 우상숭배를 떠나서 이웃을 사랑하고 세상사는 동안 사람들과 함께 평화롭고 정의롭게 살아가는 관점과 방법을 훈련시켜 줄 것입니다.

맺음말 – 민주주의를 위한 기도

우리를 공적 시험에 들게 하지 마옵시고,

우리를 공적 악으로부터 구하옵소서

Lead us not into public temptation and Deliver us from the public evil.

1.

2016년 11월 이후 2017년 상반기까지 벌어진 박근혜 사태는 민주주의가 과연 무엇이고 민주주의가 왜 필요한지에 대한 질문과 대답을 주는 일대 사건이었습니다. 한국의 기독교인들도 박근혜 사태의 한 가운데에서, 도대체 기독교인들에게 민주주의란 무슨 의미가 있는가 하는 심각한 질문에 대한 진지한 대답을 요구받고 있습니다. 대형 십자가를 들고 찬송가를 부르면서 민주주의 대신 계엄령 선포를 주장하는 친박집회에 열렬히 참여하는 기독교인들은, 박근혜 사태가 보여주는 온갖 불의와 교만에 진저리를 치면서 민주주의를 절실하게 부르짖는 시민들에게 '민주주의를 모르고 민주주의에 반대하는, 불의를 사랑하고 찬양하는, 어둡고 몽매한 기독교'의 모습을 각인시켜서, 복음전도의 길을 크게 훼방하고 있습니다. "주여, 저들을 불쌍히 여겨 주시옵소서! 저들은 자기들이 무슨 짓을 하고 있는지를 알지 못합니다 (누가복음 23:34)." 그러나 다행스럽게도 박근혜 사태에 임하여 대부분의 기독교인들은 시민들과 함께 불의를 미워하고 정의를 추구하며 민주주의를 갈망하는 움직임과 노력에 함께 하면서, 우리의 신앙과 민주주의 시민으로서의 책임을 어떻게 연결시킬지를 고민하고 있습니다.

예수님은 우리가 세상 속에서 자기를 사랑하는 만큼 이웃을 사랑하라고 하셨고, 하나님은 모세를 통해 다른 사람을 해치지 말고 다른 사람에게 거짓을 행하지 말고 나의 양식만큼 다른 사람의 양식도 존중하라고 가르치셨으며, 우리는 우리의 인생을 통해 하나님의 뜻이 하늘에 이룬 것처럼 땅에서도 이루어지도록, 그리고 이 땅이 악에 의해서 지배당하지 않도록 열심히 기도하고 또한 열심히 실천하고 싸울 책임이 있습니다. 이것이 기독교인들이 민주주의를 위해서 기도해야 하고 민주주의를 위해서 노력해야 하는 이유입니다. 2016년 11월 이후의 박근혜 사태는 우리 기독교인들에 대해서 민주주의를 위한 기도, 민주주의에 관한 회개를 요구합니다.

2.

우리의 인생에는 시험이 있습니다. 이 시험에는 사적이고 개인적인 시험만 있는 것이 아니라, 공적이고 집단적인 시험도 있습니다. 바로 이 공적이고 집단적인 시험이 우리가 살고 있는 민주주의 제도의 정치적 시험들입니다. 사적 시험이건 공적 시험이건 시험에 들었을 때 우리가 시험에 벗어나는 방법은 하나님에게 기도를 하고 금방 일어서서 내 손으로 그 시험에 대응을 하는 것입니다. 이것이 민주주의에 대한 우리의 싸움이고 민주주의에 대한 우리들의 개인적이고 집단적인 책임입니다.

우리의 인생에는 악이 있습니다. 이 악에는 사적이고 개인적인 악도 있고 공적이고 집단적인 악도 있으며, 영적이고 초월적인 악도 있습니다. 바로 이 공적이고 집단적인 악이 민주주의 속에 내재하는 악이고, 민주주의가 다루어야 하는 악입니다. 이 공적인 악은 다른 사람과 다른 집단에게서 나오기도 하고, 나와 우리 집단에서 나오기도 합니다. 다른 사람과 다른 집단에서 나오는 공적인 악에 대항해서 싸우고, 나와 우리 집단에서 나오는 악을 인정하고 회개하고 고치는 것, 이것이 민주주의를 살아가는 우리의 싸움이고, 민주주의가 우리에게 필요한 이유입니다.

3.

우리의 삶에는 정치적이고 공적인 문제들만 있는 것이 아니고 개인적이고 실존적인 수많은 절망들, 그리고 초월적이고 영적인 기대와 희망들이 함께 있습니다. 그러므로 우리 삶의 모든 문제들을 정치적으로만 해석하는 것도 옳지 않고, 민주주의가 우리 인생의 모든 문제와 고통들을 해결해 줄 수 있을 것으로 기대하는 것도 어리석은 일입니다.

그러나 우리의 삶을 개인적이고 사적인 것으로만 생각하고 바라보고 고민하는 것은 오히려 우리의 삶에서 우리 자신이 도망치는 것 같은 비겁함이 있고, 기독교의 초월적인 신앙을 우리 삶의 개인적인 것에만 연결하면 이웃과 세상은 잊어버리고 자기만 생각하는 자기사랑의 기독교로 타락하게 됩니다.

성경은 우리에게 영적인 일을 가르치고 영적인 노력을 요구함과 동시에, 세상에서 사람들과 함께 살아가는 일들을 가르치고 사람들과 함께 살아가는 인생에 대한 노력을 요구합니다. 복음서에서 예수님이 직접 가르쳐주신 자기사랑과 이웃사랑의 대계명과 주기도문의 세 가지 인생 기도, 그리고 하나님이 모세에게 내려주신 십계명 두 번째 돌판의 여섯 가지 인생계명들은 모두 우리가 세상에서 나의 힘겨운 인생을 지고 가면서 다른 사람의 힘겨운 인생과 어떻게 관계를 맺고 어떻게 서로 간의 갈등과 시험을 해결하고 어떻게 서로가 서로에게 가하는 폭력과 불의의 악을 대항하고 싸울지를 가르쳐주고 있습니다.

4.

인간의 역사는 세상 속에서 사람들의 자기사랑과 이웃사랑과 자기부인 간의 긴장과 갈등이, 개인적이고 집단적으로, 온갖 고통과 기쁨과 희망과 절망을 섞어가면서 유장(悠長)하게 전개되어 온 역사입니다. 하나님의 말씀과 능력은 교회에서만 움직여온 것이 아니라, 이 인간의 역사 전부를 통해서 끊임없이 움직여 왔습니다. '너희는 너 자신을 사랑하듯이 다른 사람도 사랑하고 (이웃사랑), 자기도 가끔 (그러나 필수적으로) 부인하고 (자기부인), 다른 사람을 개인적이고 집단적으로 죽이거나 해치지 말고 (제6계명), 다른 사람을 사적으로 거짓 모함하거나 공적으로 거짓 심판하지 말고 (제9계명), 나의 양식과 너의 양식과 우리의 양식과 그들의 양식을 서로 존중하며 나의 권리와 너의 권리와 우리들의 권리와 그들의 권리를 서로 빼앗고 훔치지 말라 (제8계명)'는 성경의 인생 계명들이 바로 하나님의 인간과 세상에 대한 간절한 호소입니다. 지금 우리가 살고 있는 민주주의는 바로 이런 하나님의 호소와 인간의 현실이 상호작용하여 만들어진 역사적 제도입니다.

하나님은 민주주의를 지지하시나? 하나님은 민주주의를 싫어하시나? 아니면 하나님은 민주주의에 아예 관심이 없으신가? 우리는 이 질문을 피하고 도망갈 수 없습니다. 예수님이 직접 가르쳐주신 자기사랑과 이웃사랑의 대계명, 주기도문의 인생 기도, 그리고 십계명의 인생 계명들은 우리가 인간의 삶의 조건이자 인간의 개인적이고 집단적인 삶의 공간인 민주주의를 이해하고, 민주주의의 필요성과 선한 기능을 파악하고, 또한 민주주의의 한계와 오작동 가능성을 인식하고 실천하는데 충분한 원리를 제공하고 있습니다.

5.

기독교는 인간에 대한 불신을 근거로 민주주의에 대해서도 일정한 의심을 가지고 있습니다. 그런데 오늘의 민주주의는 거꾸로 여러 가지 방면에서 기독교인들에 대하여 의문과 의심을 제기하고 있습니다. "기독교인들이여, 당신들은 민주주의를 뭐라고 생각하는가?" 기독교인들은 이 질문을 스스로, 자신에게 물어봐야 합니다. 이 질문은 우리 기독교인들에게 자기가 가지고 있는 기독교 신앙을 진지하게 돌아볼 것을 요구합니다. 이 질문은 기독교인들이 자신의 삶과 이웃의 삶을 어떻게 생각하는지, 기독교인들이 예수님의 인생 강령인 이웃사랑과 자기부인의 메시지를 어떻게 인식하고 실천하고 있는지, 기독교인이 세상의 악과 자기 자신의 악을 어떻게 인식하고 어떻게 반응하고 있는

지를 총체적으로 묻고 있습니다. 이 질문에 대해서 솔직하고 성실하게 답을 하는 것은 진지한 기독교인들의 신앙적 책임이자, 우리의 기독교 신앙을 온전하게 하는 길입니다.

2016년 말 2017년 초 박근혜 사태 속의 민주주의가 기독교인들에게 질문을 던지고 있습니다. "기독교인들에게 / 민주주의란 무엇인가?" 이 질문에 대한 기독교인들의 적극적인 답변은, 우리가 더 이상 기독교 신앙의 이름으로 오히려 세상과 사람들에게 악과 불의를 저지르지 않고, 세상 속에서 기독교인들의 망령된 행동으로 하나님의 이름을 모욕하지 않으며, 진정한 의미에서 세상의 소금과 빛으로 거듭날 수 있도록, 기독교인들의 적극적인 자기반성과 진정한 회개의 길을 열어줄 수 있을 것으로 확신하며 기도합니다.

후주

1 "우리는 부분적으로 알고 부분적으로 예언하니" (고린도전서 13:9)

2 "그의 팔로 힘을 보이사 마음의 생각이 오만한 자들을 흩으셨고, 권세 있는 자들을 그 위에서 내리치셨으며 비천한 자를 높이셨고" (누가복음 1:51-52)

3 "37 예수께서 이르시되 네 마음을 다하고 목숨을 다하고 뜻을 다하여 주 너의 하나님을 사랑하라 하셨으니 38 이것이 크게 첫째 되는 계명이요 39 둘째도 그와 같으니 네 이웃을 네 자신 같이 사랑하라 하셨으니 40 이 두 계명이 온 율법과 선지자의 강령이니라" (마태복음 22:37-40)

4 마태복음 19장에서 예수님은 영생에 들어가기 위한 선한 일로 십계명의 두 번째 돌판 여섯 계명을 직접 거명하고 있습니다. "16 어떤 사람이 주께 와서 이르되 선생님이여 내가 무슨 선한 일을 하여야 영생을 얻으리이까 17 예수께서 이르시되 …… 네가 생명에 들어가려면 계명들을 지키라 18 이르되 어느 계명이니이까 예수께서 이르시되 살인하지 말라(제6계명), 간음하지 말라(제7계명), 도둑질하지 말라(제8계명), 거짓증언하지 말라(제9계명), 19 네 부모를 공경하라(제5계명), 네 이웃을 네 몸과 같이 사랑하라 (레위기 19:18) 하신 것이라" (마태

복음 19:16-19)

5   종교계 언론에 의하면 2016. 4.13. 총선에서 당선된 20대 국회의원 300명 중 개신교인이 102명(34%, 새누리당 43명, 더불어민주당 39명, 국민의당 15명, 무소속 5명: 한국기독공보 2016. 5. 10.자 보도), 천주교 신자가 77명(25.7%, 새누리당 20명, 더불어민주당 45명, 국민의당 9명, 정의당 3명: 가톨릭신문 2016. 4. 24.자 보도)으로, 개신교인과 천주교를 합한 기독교인의 비율이 거의 60%에 달합니다. 통계상의 허수를 대폭 감안한다고 해도, 국회의원 중의 기독교인 비율은 최소한 절반 안팎으로 보는 것이 현실적일 것입니다.

6   "이에 예수께서 제자들에게 이르시되 누구든지 나를 따라오려거든 자기를 부인하고 자기 십자가를 지고 나를 따를 것이니라"(마태복음 16:24)

7   민주주의의 핵심적 기본권인 국민의 자유권에는, 신체의 자유와 사상·양심의 자유 등 '국가로부터의 자유(Freedom from the State)'라는 소극적 자유권과 선거권과 피선거권 등 '국가를 향한 자유(Freedom toward the State)'라는 적극적 자유권이 있습니다.

8   만일 '권세와 질서에 대한 존중'이 기독교 신앙의 핵심 원리라면, 로마의 정치권력과 당시의 종교권력에 맞서 십자가에서 처형된 예수님의 행동은 납득하기 어려워집니다.

9   이웃사랑이 없는 하나님 사랑은 자기부인이 없는 '자기사랑의 기독교'로 귀결될 위험이 있습니다.

10   사실은 또 하나의 유력한 접근방법이 있습니다. 그것은 기독교 신

앙과 민주주의적 실천을 굳이 연결시키지 않고, 기독교는 신앙인으로서, 민주주의는 시민으로서 서로 독립적으로 대응하는 것입니다. 이것은 초월적인 성격을 가지는 기독교 신앙과 세속사회의 공적 성격을 가지는 민주주의를 그 작용공간과 작용대상의 차이를 무시하고 억지로 연결해서 정치적으로 위선적인 기독교인들의 논리를 만들거나 정치적으로 위악적인 기독교인들의 행동을 만드는 것보다는, 차라리 솔직하고 건강할 수 있습니다. 그러나 이 글에서는 가능한 한 최대한으로 기독교 신앙과 민주주의 원리 사이의 건강하고 적극적인 대화를 추진해 보려고 합니다.

11 세상의 법정에서 재판을 할 때에 객관적 현실을 법에 적용하는 변론의 방법에는 두 가지 접근법이 있는데, 하나는 해석론(解釋論)적 주장이고 다른 하나는 입법론(立法論)적 주장입니다. 해석론적 주장은 주어진 법률과 제도의 해석을 통해서 지금, 현실적으로 가능한 구체적 정의를 주장하는 것이고, 입법론적 주장은 현재의 법률과 제도를 고쳐서 장래에 가능한, 더 나은 정의의 내용을 요구하고 실현하려는 것입니다. 이와 마찬가지로 우리의 인생에도, 주어진 틀 속에서 적응하며 살아가는 해석론적 인생과 주어진 틀을 바꾸려고 노력하는 입법론적 인생의 두 가지 노력이 모두 존재합니다.

12 사무엘의 어머니 한나의 기도: "여호와는 죽이기도 하시고 살리기도 하시며 스올에 내리게도 하시고 거기에서 올리기도 하시는도다 여호와는 가난하게도 하시고 부하게도 하시며 낮추기도 하시고 높이기도 하시는도다 가난한 자를 진토에서 일으키시며 빈궁한 자를

거름더미에서 올리사 귀족들과 함께 앉게 하시며 영광의 자리를 차지하게 하시는도다" (사무엘상 2:7-8)

13 "그러므로 무엇이든지 남에게 대접을 받고자 하는 대로 너희도 남을 대접하라 이것이 율법이요 선지자니라" (마태복음 7:12)

14 마태복음 26:41, "마음은 원이로되 육신이 약하도다"

15 2016년 11월 미국 대통령 선거에서 민주당의 힐러리 후보가 전통적인 민주당 지지세력인 미국 중서부 러스트벨트 지역 백인 블루컬러 노동자계층의 표를 트럼프에게 빼앗김으로써 선거인단 투표에 패배하게 된 것을 의미합니다.

16 대검찰청, 2015년 검찰연감

17 총기소지가 가능한 미국의 경우에는 2015년 살인사건 수가 15,696건으로 개인들이 총을 가지고 있지 않은 한국의 748건보다 약 20배 정도 많습니다. 그래도 한국 인구의 6배 정도인 미국의 2015년 인구 3억 2천만 명과 비교하면 이만 분의 일 정도가 되어서, 살인사건의 인구대비 비율은 미국이 한국보다 약 3배 정도밖에 높지 않습니다.

18 "의인은 없나니 하나도 없으며 깨닫는 자도 없고 하나님을 찾는 자도 없고 다 치우쳐 한가지로 무익하게 되고 선을 행하는 자는 없나니 하나도 없도다" (로마서 3:10-12)

19 국가기록원 6·25전쟁 피해현황 통계: http://theme.archives.go.kr/next/625/damageStatistic.do

20 "재판장은 자세히 조사하여 그 증인이 거짓증거하여 그 형제를 거

짓으로 모함한 것이 판명되면 그가 그의 형제에게 행하려고 꾀한 그
대로 그에게 행하여 너희 중에서 악을 제하라 그리하면 그 남은 자
들이 듣고 두려워하여 다시는 그런 악을 너희 중에서 행하지 아니하
리라"(신명기 19:18-20)

21   한국에서 2015년에 위증죄로 재판을 받은 사람은 1,250명, 그 중
실형과 집행유예의 신체형을 받은 사람은 550명입니다 (대법원 2015년
사법연감)

22   2014년 세월호 사건 이후 당파적인 권력이 비당파적인 정부기능
을 당파적인 목적으로 이용하고 왜곡시킴으로써 공공기능을 담당
하고 당당하게 책임져야 할 사람들 모두를 당파적 간신(奸臣), 점잖
은 간신, 아부형 간신이나 생존형 간신으로 만든 현상에 대해서는
아포리아, 이병주 칼럼, "무너진 한국, 간신의 나라" 참조. http://
www.aporia.co.kr/bbs/board.php?bo_table=column&wr_id=86

23   "그러나 지족하는 마음이 있으면 경건에 큰 이익이 되느니라 우리
가 세상에 아무것도 가지고 온 것이 없으매 또한 아무 것도 가지고
가지 못하리니 우리가 먹을 것과 입을 것이 있은즉 족한 줄로 알 것
이니라"(디모데전서 6:6-8)

24   'ict'는 아인슈타인의 상대성이론에서 시간과 관련된 4차원의 축으
로 복소수(i) × 광속(c) × 시간(t)을 의미합니다.